高职院校思想政治工作协同育人成果

高职院校大学生思想分类引导与文化素质教育创新实践

——以成都航空职业技术学院为例

杨建国　尹成鑫　杨湘伶　陈玉华　**编著**

西南交通大学出版社
·成都·

图书在版编目（ＣＩＰ）数据

高职院校大学生思想分类引导与文化素质教育创新实践：以成都航空职业技术学院为例 / 杨建国等编著. —成都：西南交通大学出版社，2019.6

高职院校思想政治工作协同育人成果

ISBN 978-7-5643-6659-9

Ⅰ. ①高… Ⅱ. ①杨… Ⅲ. ①高等职业教育 – 大学生 – 思想政治教育 – 研究②高等职业教育 – 大学生 – 文化素质教育 – 研究 Ⅳ. ①G711②G718.5

中国版本图书馆 CIP 数据核字（2018）第 290811 号

高职院校思想政治工作协同育人成果

高职院校大学生思想分类引导与文化素质教育创新实践
——以成都航空职业技术学院为例

杨建国　尹成鑫　杨湘伶　陈玉华　**编著**

责 任 编 辑	郑丽娟
封 面 设 计	墨创文化
出 版 发 行	西南交通大学出版社 （四川省成都市金牛区二环路北一段 111 号 西南交通大学创新大厦 21 楼）
发行部电话	028-87600564　028-87600533
邮 政 编 码	610031
网　　　址	http://www.xnjdcbs.com
印　　　刷	四川煤田地质制图印刷厂
成 品 尺 寸	170 mm × 230 mm
印　　　张	15.5
字　　　数	235 千
版　　　次	2019 年 6 月第 1 版
印　　　次	2019 年 6 月第 1 次
书　　　号	ISBN 978-7-5643-6659-9
定　　　价	60.00 元

图书如有印装质量问题　本社负责退换

版权所有　盗版必究　举报电话：028-87600562

编 委 会

主　　任：杨建国

副 主 任：张蕴启　陈玉华

编　　委：祝登义　李静森　邹　勇　张志军
　　　　　刘晓波　林训超　龙泽慧　杜　瑜
　　　　　余彦滨　王阳合　刘艳磊　彭亚娜
　　　　　骆昌平　任　丹　杨湘伶　尹成鑫
　　　　　李　勇　马建勇　徐　亮　梁　潘
　　　　　冉超凤　张　霓　张　琴　刘逸舲

序

改革开放以来，特别是伴随高等教育大众化的深入推进，我国的高等职业教育得到了突飞猛进的发展。截至 2018 年，全国高等职业院校达到 1 418 所，占 2 663 所普通高等学校数量的 50%以上；年招生和毕业生人数占高校招生和毕业生总数的 40%以上。高等职业教育作为高等教育的一个类型，已经成为我国高等教育事业的"半壁江山"和重要方面军。当前经济转型升级的中国，正处于一个深化改革、加快开放进程的新阶段；中国特色新型工业化、信息化、城镇化、农业现代化的发展，建设创新型国家的总体部署、教育强国提出了新要求；中国特色社会主义建设历史性地进入新时代。在此背景下，高职院校必须直面新形势、新要求、新挑战，使求学者掌握某一专业领域必备的基础理论和专门知识、具备某一特定职业或职业群所需的实际能力，使受教育者树立正确的政治方向，成为全面发展的社会主义事业建设者和接班人。为此，高职院校的思想政治教育工作必须与时俱进、守正出新，"因事而化、因时而进、因势而新"。

在概念上，思想政治工作是一定的阶级和政治集团为实现既定的政治目标，有目的地对人们施加意识形态上的影响，以转变人们的思想并指导人们行动的社会行为。在根本上，思想政治工作的对象是人，思想政治工作是以教育人、培养人为基本立足点和根本出发点的，这就决定了高职院校的思想政治工作必须紧紧围绕学生成长、关照学生需求、服务学生发展，促进学生不断提高政治觉悟、思想水平、道德水准、文化素养和综合素质，努力使学生成为德能兼修、全面发展的高素质技术技能人才。这既是思想政治工作把立德树人作为中心环节、把育人为本作为根本要求的具体体现，也是思想政治工作促进人的全面发展的价值所在。

作为全国第一批高职学院、首批国家级示范性高职院校，成都航空职业技术学院在学习借鉴国内外高校思想政治工作模式的基础上，遵循思想政治工作规律、学生成长规律及高职教育规律，针对接受高职教育的学生的特点，结合学校20年高职教育办学实际，积极探究协同育人路径，大力加强思想政治工作，创新探索了高职大学生思想政治工作"1235A"协同育人模式。"1"，即"一体"：围绕立德树人目标，践行"育人为本、德育为先、创新服务、促进发展"理念，以涵盖思想水平、政治水平、道德水准的思想政治素质教育为主体。"2"，即"两翼"：以大学生文化素质教育和学生事务服务为两翼。"3"，即"三全育人"策略：全员育人与队伍建设、全程育人与课内外活动、全方位育人与养成教育。"5"，即架构日常思想政治教育工作"五个工程"：政治铸魂工程、思想导航工程、道德引领工程、文化陶冶工程和服务发展工程。"A"，即创新实施大学生思想政治工作"十育"（十六进制之十，隐喻思政为首、德育为先）：整合育人要素，发挥课程、实践、文化、网络、心理、科研、资助、服务、管理、组织等十个方面工作的育人功能，完善育人机制，形成了具有高职教育特点、航空职业教育特色的协同育人模式。

在高职大学生思想政治工作"1235A"协同育人模式中，"一体两翼"中的主体是涵盖思想水平、政治水平、道德水准的思想政治素质教育；"两翼"中的"一翼"是大学生文化素质教育。也即，思想的引导、文化素质教育，既是思想政治工作的重要组成部分，也是思想政治教育的重要内容。

随着我国经济体制改革、社会结构变动、经济利益格局调整，青年群体在思想认识、道德意识、价值观选择等方面的独立性、多样性、多变性日益增强，他们所表现出的思维方式、行为习惯等也产生了较大差异。根据这一情况，团中央曾于2009年召开分类引导青年工作专题会议，从各类青年群体的需求出发，作出了推进分类引导青年试点工作的相关部署。

本着为团组织、为青年服务的宗旨，成都航空职业技术学院进行了一系列青年引领工作的规划、研究和实践探索：结合高职院校大学生的特点，针对本校学生的实际思想状况确定不同层次、不同侧重、不同内容的引导目标与引导方法；深入青年，了解同学们的思想动态，开展切合高职学生需求的文化素质课程与活动；点面结合，统筹兼顾，以思想引领为主线，以文化素质教育为依托，为青年学生全面发展和成长、成才架起了坚实的桥梁。

编 者

2019 年 3 月

目 录

上 篇：高职院校大学生思想分类引导

第一部分 总 论 ··· 002

第二部分 现状与思想关键 ·· 005

第一章 学校团学组织概况 ·· 005

第一节 学校共青团组织基本概况 ·· 005

一、机电工程学院团总支简介 ·· 006

二、信息工程学院团总支简介 ·· 008

三、建筑工程学院团总支简介 ·· 009

四、管理学院团总支简介 ·· 010

五、汽车工程学院团总支简介 ·· 012

六、通用航空学院团总支简介 ·· 013

七、航空工程学院团总支简介 ·· 013

八、民航运输学院团总支简介 ·· 015

九、士官管理学院团总支简介 ·· 017

第二节 学校青年学生思想道德现状思想引导工作 ··················· 018

一、当前高职在校生思想道德现状 ·· 019

二、当前高职在校生思想道德中存在的问题 ··························· 024

三、提高当代高职学生思想道德素质的对策 ··························· 027

第二章　学校青年学生思想关键与科学引导 ·········· 032
第一节　学校青年学生思想引导基本内容 ·········· 032
一、关于大学生理性表达爱国情感的问题 ·········· 032
二、关于中国特色社会主义的理性认同问题 ·········· 034
三、关于中国特色社会主义政治制度的认同问题 ·········· 036
四、关于人生观、价值观问题 ·········· 039
五、关于贫富差距和社会公平问题 ·········· 042
第二节　学校青年学生思想引导工作路径和载体 ·········· 045
一、当面启发 ·········· 045
二、媒体传导 ·········· 060
三、实践感悟 ·········· 065
四、观察思考 ·········· 074
五、人群影响 ·········· 079
六、文化熏陶 ·········· 088
七、情感升华 ·········· 104
八、服务渗透 ·········· 109

第三部分　总结与思考 ·········· 124
一、思想分类引导实施原则 ·········· 124
二、途径探索 ·········· 126
三、思考与建议 ·········· 130

下　篇：高职院校大学生文化素质教育

第一部分　总　论 ·········· 138

第二部分　高职院校文化素质教育现状与设计 …………141

第一章　高职院校文化素质教育现状与思考 …………141
一、高职院校文化素质教育改革背景 …………141
二、高职院校文化素质教育改革程式 …………142
三、高职院校文化素质教育改革思路 …………143

第二章　高职院校文化素质教育设计与实践 …………147
一、高职院校文化素质教育改革组织构建 …………147
二、高职院校文化素质教育改革创新实践 …………148

第三部分　高职院校文化素质教育成效与机制 …………151

第一章　高职院校文化素质教育成果与成效 …………151
一、高职院校文化素质教育改革成果 …………151
二、高职院校文化素质教育改革成效 …………152

第二章　高职院校文化素质教育的制度建设 …………156
一、问卷调查及统计表 …………157
二、文化素质学校章程 …………161
三、文化素质教育大纲 …………166
四、文化素质学校系列制度建设 …………174
五、文化素质学校建设方案与管理办法 …………179

第三章　高职院校文化素质教育的创新突破 …………211
一、全面深化文化素质教育理念，
　　注重课程内容的入脑入心 …………211
二、构建与专业教育有机结合的文化素质教育
　　人才培养体系 …………212

三、以校园文化建设为重要载体，
　　　　发挥校园人文环境的优势 …………………………………… 214

　　四、建设文化素质学分认证系统，
　　　　强化文化素质教育的管控 …………………………………… 215

　　五、以培育人文精神为目的，
　　　　改革文化素质教育的考核办法 ……………………………… 215

第四部分　高职院校文化素质教育理论研究 ……………………… 217

　　一、文化素质教育的历史发展 …………………………………… 217

　　二、高职院校文化素质教育再出发 ……………………………… 221

　　三、高职院校文化素质教育模式的顶层设计与实施——基于成都
　　　　航空职业技术学院文化素质教育的实证研究 …………… 223

参考文献 ………………………………………………………………… 234

上 篇：

高职院校大学生思想分类引导

第一部分　总　论

为贯彻党对共青团的根本要求，履行好引导青年的根本任务，切实增强新形势下引导青年工作的针对性、适用性和普遍性，团中央经过分类引导青年工作试点，研究制定了《大学生思想引导大纲（试用版）》（以下简称《大纲》），用于指导高校团组织开展引导青年工作。

我校曾被选为由团中央宣传部直接联系和指导的第三批基层单位进行大学生思想引导工作。学校围绕大学生思想引导工作的总目标，着眼于解决当前大学生群体中存在的突出思想问题，依据试点调查反映出来的大学生主要思想疑惑，《大纲》提出了10个方面的主要引导内容。每个方面的引导内容都包括了若干条与大学生思想疑惑的形成逻辑相对应的具体引导思路。一是关于爱国情感的表达方式；二是关于坚持中国特色社会主义，具体包括如何认识中国特色社会主义道路，如何认识中国特色社会主义经济、政治、文化、社会四个方面的总体布局等有关内容；三是关于坚持党的领导；四是关于坚持爱国主义、社会主义和党的领导相统一；五是关于大学生的人生价值观；六是关于与大学生自身利益密切相关的现实问题。

引导内容确定后，通过实践找到适合的传播路径。结合当代大学生的思想特点及沟通、交流、联络、聚集的方式，总结经验及实践中的新做法、新经验。《大纲》提出的开展大学生思想引导工作的八大类引导路径为：一是当面启发类；二是媒体传导类；三是实践感悟类；四是观察思考类；五是人群影响类；六是文化熏陶类；七是情感升华类；八是服务渗透类。这八大类路径，共包含17个具体引导路径。

成都航空职业技术学院团委始终坚持人性化的引导方式，在实践中不断总结经验、改进措施，创新了与学校校情、校风、校貌相吻合的引导当代大学生"战胜自我、服务社会、面对未来"的新思路、新构想。在思想分类引导实施中总结出三个原则：平等独立、双向交流原则；以情育人、以理服人原则；多管齐下、渗透融合原则。同时，通过调查分析，摸清了高职学生思想政治教育的状况及存在的问题，分析了产生这些问题的原因，提出了一系列的对策。

第一，针对学生理想信念缺失问题，要充分发挥高校在树立学生理想信念中的主导作用；发挥课程对理想信念的教育作用。第二，切实改正理论学习与实践严重脱节的问题，要广泛开展社会实践活动，建立社会实践基地；要将课堂搬到企业工作现场，跟踪学生顶岗实习情况；要将所有学生的毕业设计都与就业和市场需求挂钩。第三，切实解决学生"知行合一"的问题，要建立新媒体互动交流模式引导学生；要使德育活动项目化、德育过程行动化。

下一步，我们将通过四个渠道深化、优化大学生思想政治工作。首先，把握主渠道，落实好"思政课程"功能，让社会主义核心价值观教育入脑入心。注重发挥思想政治理论课堂教育作用，强化学生自我教育功效，使学生自觉接受核心价值观，加强人文精神熏陶，营造有益于学生正确观念形成的校园文化氛围。其次，拓宽辅渠道，创新做好实践育人，深入推进"四位一体"横向联动的践行教育。坚持推进横向联动，建立完善校外实践基地，积极营造和谐育人环境，在践行教育中促进学生思想政治素质水平的提高。再次，深耕多渠道，强化思想政治教育与职业道德素质养成的培养。要转变教育理念，充分发挥思想政治课程的教育功能；要丰富教学内容，坚持思政教育与职业道德素质培养相融合；要注重学生心理需求，体现思政教育的职业素质培养内涵。最后，开辟新渠道，让"校企文化交融、专业职业合一"的思想政治教育理念深入人心。要通过职业教育使行业企业文化被学生所接受；要通过专业教育使学生融入企业文化；要通过校企联手共同开展活动，使学生明确自己的职业定位与追求。

实践证明，大学生思想分类引导工作不仅是共青团思想政治教育的有效途径，而且在一定意义上已成为促进学生健康成长的推动力。通过一系列引导活动的开展，一方面可让青年学生直接参与教学管理改革和校园文明建设，激发他们建设美好校园的热情；另一方面，这些活动又能营造内涵丰富的文化素质教育氛围，使青年学生置身其中并真正成为弘扬文化精神、倡导文明新风的主动参与者和促进者。

第二部分 现状与思想关键

第一章 学校团学组织概况

第一节 学校共青团组织基本概况

截至2018年6月,成都航空职业技术学院有在校生11 326人,其中共青团员9 260人。共青团成都航院委员会有团委委员14人,校团委专职团干部5人,下辖9个二级学院团总支,设9名兼职团干部,基层团支部共计244个。

共青团成都航院委员会以党的十九大精神为指导,以习近平新时代中国特色社会主义思想的精神实质和丰富内涵为统揽,按照学校党委和上级团组织的总体部署,本着"求真务实,朝气蓬勃"的工作理念,以提高学生综合素质为目标,以加强和改进学生思想政治教育为主线,以基层团组织、学生会以及社团组织为依托,以校内外、课内外活动为载体,切实加强团的组织建设和思想建设,加强学生科技创新、创业实践能力的培养,营造和谐稳定、绿色美丽校园环境,精心组织校园文化活动,服务学生成长成才,以改革创新精神推动学校共青团事业健康发展。

校团委坚持推进党建带团建,积极开展增强团员意识的主题教育活动,积极开展学生课外科技创新活动,积极开展青年志愿者服务活动及暑期"三下乡"社会实践活动,积极打造品牌,营造异彩纷呈的校园文化氛围。近年来,学校团委先后获得了省、市"五四红旗团委"称号、成都市"青年志愿者先进集体"称号、成都市十万大中学生"一专多能"成才活动先进学校、"挑战杯"全国大学生课外学术科技作品竞赛优秀组织奖、成都市社会实践"三下乡"先进集体、四川省大中专学生志愿者暑期文化科技卫生"三下乡"社会实践活动先进单位等荣誉,为学校的发展和大学生成长成才做出了积极贡献。

一、机电工程学院团总支简介

团总支书记:范豫鲁;副书记:李 健

源于航空、精于航空、服务航空。机电工程学院团总支建立于1965年,现有38个团支部、1 357名团员。机电工程学院秉承"严、慎、细、实"精神,长期致力于团员青年的团风建设、学风建设和思想政治教育工作,为党组织储备后备人才。近几年先后获得"成都航院优秀青年志愿者分队""成都航院暑期'三下乡'社会实践先进集体"等荣誉称号。

表1

年级	班级	团员数/人	预备党员数/人	正式党员数/人	群众数/人	正式党员占总人数百分比/%
2015级团支部	115311	32	0	0	7	0
	115312	41	0	0	2	0
	115313	39	0	1	4	2.32
	115314	37	0	3	4	7.31
	115321	40	0	1	2	2.38
	115322	34	2	2	7	4.87
	115331	36	0	0	9	0
	114411	38	1	0	1	0
	215331	37	0	2	5	4.76
	215332	28	0	0	14	0
	515321	30	0	1	6	2.77
	515351	38	0	0	2	0

续表

年级	班级	团员数/人	预备党员数/人	正式党员数/人	群众数/人	正式党员占总人数百分比/%
2016级团支部	116311	30	2	1	2	3.12
	116312	36	3	0	5	0
	116313	37	1	0	6	0
	116314	39	2	2	3	4.76
	116321	27	2	0	2	0
	116322	30	1	1	2	3.12
	116331	32	2	0	8	0
	116351	32	2	1	3	2.85
	115411	47	2	0	0	0
	216331	33	2	0	2	0
	216332	36	2	2	3	5.12
	516321	46	2	3	5	5.88
	516351	30	2	0	1	0
	516352	30	2	1	2	3.33
2017级团支部	117311	40	0	0	14	0
	117312	41	0	0	6	0
	117313	31	0	0	14	0
	117314	34	0	0	7	0
	117315	22	0	0	1	0
	117321	30	0	1	11	2.43
	117322	38	0	0	4	0
	117341	44	0	0	14	0
	117351	51	1	0	3	0
	117331	41	0	0	2	0
	117332	32	0	0	10	0
	116411	38	0	0	2	0

二、信息工程学院团总支简介

团总支书记：苏　波；副书记：李　涛

信息工程学院团总支成立于 1978 年，现有 29 个团支部、1 069 名团员。信息工程学院团总支自成立以来，在校团委、学院党总支的领导下，认真贯彻学习社会主义核心价值观，立足信息技术专业特色，团学工作取得了显著的成效。2018 年荣获"成都航院青年志愿者先进集体"荣誉称号。

表 2

年级	班级	团员数/人	预备党员数/人	正式党员数/人	群众数/人	正式党员占总人数百分比/%
2016级团支部	216311	39	2	0	1	0
	216312	33	0	0	1	0
	216313	38	2	0	0	0
	216314	35	1	0	1	0
	216341	26	0	0	2	0
	216342	36	0	0	4	0
	216361	33	1	0	9	0
	216362	43	1	0	3	0
	215411	47	1	1	2	1.96
	616312	38	3	0	4	0
	616313	31	3	0	11	0
	616321	26	4	0	18	0
	616322	33	2	0	10	0
	616341	37	5	0	13	0
	616351	36	3	0	14	0
	616352	34	0	0	9	0
	616361	45	3	0	7	0
2017级团支部	217311	38	0	0	10	0
	217312	46	0	0	1	0
	217313	43	0	0	6	0
	217314	42	0	0	5	0
	217321	36	0	0	2	0

续表

年级	班级	团员数/人	预备党员数/人	正式党员数/人	群众数/人	正式党员占总人数百分比/%
2017级团支部	217322	32	0	0	1	0
	217333	30	0	0	8	0
	217334	39	0	0	2	0
	217341	47	0	0	0	0
	217342	41	0	0	1	0
	217351	50	0	0	7	0
	217361	32	0	0	9	0
	216411	35	0	0	2	0

三、建筑工程学院团总支简介

团总支书记：刘　婧；副书记：韩永秋

建筑工程学院团总支建立于1982年，现有28个团支部、897名团员。学院秉承"自强善建、筑能弘毅、笃行勤工、程丈万物"的教育理念，在文体、科技、社会实践、志愿服务、干部培养等方面积极开展各项活动，取得了不错的成绩。

表3

年级	班级	团员数/人	预备党员数/人	正式党员数/人	群众数/人	正式党员占总人数百分比/%
2015级团支部	315311	32	0	2	2	5.6
	315312	31	0	4	5	10
	315321	33	2	2	0	5.4
	315322	31	0	3	0	8.8
	315323	33	0	2	2	5.4
	315331	35	0	4	1	10
	315332	38	0	6	0	13.6
	315341	47	0	2	0	4.1
	315351	24	0	2	8	5.9
	315352	29	0	2	4	5.7

续表

年级	班级	团员数/人	预备党员数/人	正式党员数/人	群众数/人	正式党员占总人数百分比/%
2016级团支部	316311	24	2	0	2	0
	316312	28	2	0	2	0
	316321	36	2	0	0	0
	316322	29	2	0	1	0
	316323	27	3	0	2	0
	316331	31	3	0	2	0
	316332	28	3	0	0	0
	316341	32	3	0	1	0
	316342	27	2	0	4	0
	316351	20	4	0	0	0
2017级团支部	317311	50	0	0	1	0
	317312	18	0	0	11	0
	317321	40	0	0	5	0
	317322	40	0	0	2	0
	317323	41	0	0	1	0
	317351	35	0	0	5	0
	317352	36	0	0	3	0
	317353	22	0	0	0	0

四、管理学院团总支简介

团总支书记：张　霓；副书记：雷永梅

管理学院团总支始建于1993年，现有30个团支部、1 243名团员。在校团委的统一领导下，积极开展各项活动，打造管理学院特色文化。近年来荣获"2016年度成都航院青年志愿者先进集体""2018年成都航院易班雷锋月网络志愿者团队一等奖"等荣誉称号。

表 4

年级	班级	团员数/人	预备党员数/人	正式党员数/人	群众数/人	正式党员占总人数百分比/%
2015级团支部	415311	38	0	3	0	7.32
	415312	35	0	3	4	7.14
	415313	32	0	3	4	7.69
	415321	46	0	4	0	8.00
	415322	42	0	6	1	12.24
	415323	37	0	4	3	9.09
	415324	38	0	3	1	7.14
	415331	40	0	3	9	5.77
	415332	43	0	5	7	9.09
	415341	45	0	3	4	5.77
	415342	49	0	2	0	3.92
2016级团支部	416311	29	2	0	11	0
	416312	31	5	0	4	0
	416313	34	4	0	1	0
	416321	44	5	0	0	0
	416322	49	4	0	0	0
	416323	47	4	0	0	0
	416331	46	4	0	0	0
	416332	43	4	0	2	0
	416341	44	4	0	2	0
	416342	51	6	0	0	0
2017级团支部	417311	48	0	0	3	0
	417312	43	0	0	3	0
	417313	49	0	0	0	0
	417321	47	0	0	0	0
	417322	43	0	0	1	0
	417331	47	0	0	1	0
	417332	42	0	0	5	0
	417333	44	0	0	3	0
	413734	41	0	0	4	0

五、汽车工程学院团总支简介

团总支书记：王义艺；副书记：童　彬

汽车工程学院团总支成立于 2009 年，现有 19 个团支部、578 名团员。学院团总支以"科学发展、成才报国"为基本理念，以提高学生综合素质为基本目标，以"学风建设、班级建设、党建工作、专业教育"为四项基本工作，针对学院专业及毕业生未来就业岗位要求，大力加强"党建、科技、体育"三项工作，在文体、科技、社会实践、志愿服务、干部培养等多个领域取得了不错的成绩。

表 5

年级	班级	团员数/人	预备党员数/人	正式党员数/人	群众数/人	正式党员占总人数百分比/%
2016级团支部	216351	28	2	0	5	0
	516311	33	2	1	13	2.08
	516312	30	2	0	6	0
	516313	31	1	0	1	0
	516341	27	3	0	2	0
	516342	27	2	0	1	0
	516343	17	2	1	3	4.35
	516344	25	3	0	6	0
2017级团支部	517311	32	0	0	5	0
	517312	39	0	0	0	0
	517313	36	0	0	0	0
	517314	21	0	0	9	0
	517315	35	0	0	2	0
	517316	40	0	0	4	0
	517321	37	0	0	0	0
	517341	27	0	0	13	0
	517342	25	0	0	7	0
	517343	40	0	0	0	0
	517344	28	0	0	7	0

六、通用航空学院团总支简介

团总支书记：孔　萍；副书记：曹　炉

通用航空学院团总支成立于2016年，现有4个团支部、174名团员。学院秉承"自由、探索、创新、开放"的精神，以"思想引领、素质提升、专业拓展、创新培育"为团总支四项长期工作，以学生活动为载体、以赛前培训为契机、以过程培养为重点、以事后总结为起点，全面开展团总支建设和广大团员培养工作。

表6

年级	班级	团员数/人	预备党员数/人	正式党员数/人	群众数/人	正式党员占总人数百分比/%
2016级团支部	716341	53	4	0	2	0
2017级团支部	617313	44	0	0	3	0
	617323	38	0	0	8	0
	617324	39	0	0	6	0

七、航空工程学院团总支简介

团总支书记：胡洪志；副书记：蔡强航

航空工程学院团总支成立于2009年，现有39个团支部、1 196名团员。学院是学校最具航空特色的二级学院之一，学院团总支本着同学之家、老师之友、干部之校的宗旨，服务于广大师生，立足航空制造、航空维修专业特色，凝练并积极践行"成于人、精于技、敬于业"的院训，促进了学生的全面发展，团学工作取得了显著的成效。

表7

年级	班级	团员数/人	预备党员数/人	正式党员数/人	群众数/人	正式党员占总人数百分比/%
2015级团支部	715313	26	1	2	4	6.66
	715314	37	0	1	0	2.7

续表

年级	班级	团员数/人	预备党员数/人	正式党员数/人	群众数/人	正式党员占总人数百分比/%
2015级团支部	715315	34	1	2	2	5.55
	715316	29	0	2	5	5.88
	715317	23	1	2	1	8.33
	715318	27	1	3	2	10.3
	715319	28	0	0	0	0
	715323	31	1	1	1	3.12
	715324	34	2	2	0	5.88
	715331	33	1	2	0	6.06
	715332	36	0	3	0	8.33
	115343	34	1	2	2	5.55
	115344	33	0	2	4	6.06
	115345	37	0	2	0	5.4
	115346	41	0	2	0	4.8
2016级团支部	716312	44	1	0	2	0
	716314	32	2	0	0	0
	716315	41	1	0	0	0
	716317	35	1	1	0	2.85
	716323	30	1	0	0	0
	716324	23	2	1	0	0
	716325	16	2	0	0	0
	716331	27	1	1	1	3.57
	716332	22	1	1	0	4.54
	116343	32	2	0	0	0
	116344	46	1	0	0	0
	116346	38	2	0	5	0
2017级团支部	717314	41	0	0	3	0
	717315	49	0	0	1	0
	717316	36	0	0	7	0

续表

年级	班级	团员数/人	预备党员数/人	正式党员数/人	群众数/人	正式党员占总人数百分比/%
2017级团支部	717323	30	0	0	11	0
	717324	39	0	0	1	0
	717331	37	0	0	1	0
	717332	39	0	0	1	0
	717343	36	0	0	5	0
	717344	33	0	0	5	0
	717345	36	0	0	2	0
	717346	34	0	0	1	0
	717351	42	0	0	0	0

八、民航运输学院团总支简介

团总支书记：李　芳；副书记：唐　婕

民航运输学院团总支学生会成立于2009年，现有45个团支部、1 718名团员，是面向民航运输学院全体学生的自治组织，以"提升素质、服务师生、打造形象、树立楷模"为工作理念，以"自我教育、自我管理、自我服务"为原则，广泛开展各种生动活泼、健康有益的校园活动，全面提高民航运输学院学生综合素质能力，为民航企业和社会发展提供优秀人才。

表8

年级	班级	团员数/人	预备党员数/人	正式党员数/人	群众数/人	正式党员占总人数百分比/%
2015级团支部	815311	31	0	4	0	11.4
	815312	30	0	2	0	6.67
	815313	47	0	1	0	2.08
	815314	52	0	3	0	5.45
	815315	39	0	0	0	0
	815316	45	0	1	0	2.17
	815317	42	0	0	0	0

续表

年级	班级	团员数/人	预备党员数/人	正式党员数/人	群众数/人	正式党员占总人数百分比/%
2015级团支部	815318	24	0	0	0	0
	815319	32	0	2	0	5.88
	8153110	36	2	2	11	3.92
	8153111	43	1	5	1	10.0
	815321	47	0	1	0	2.08
	815322	39	2	5	0	10.87
	815331	46	0	0	0	0
	815332	45	0	0	0	0
2016级团支部	816311	45	3	0	1	0
	816312	38	5	0	2	0
	816313	33	3	0	4	0
	816314	31	2	0	2	0
	816315	31	2	0	3	0
	816316	30	1	0	2	0
	816317	34	0	0	6	0
	816318	36	3	0	2	0
	816319	35	0	0	0	0
	816321	43	3	0	3	0
	816322	43	3	0	2	0
	816331	28	2	0	1	0
	816332	30	1	0	2	0
	816333	34	2	0	6	0
	816334	38	2	0	2	0
	816335	40	3	0	1	0
2017级团支部	817311	38	0	0	5	0
	817312	42	0	0	1	0
	817313	42	0	0	2	0
	817314	42	0	0	1	0

续表

年级	班级	团员数/人	预备党员数/人	正式党员数/人	群众数/人	正式党员占总人数百分比/%
2017级团支部	817315	40	0	0	2	0
	817316	39	0	0	4	0
	817317	42	0	0	1	0
	817318	43	0	0	0	0
	817319	44	0	0	11	0
	817321	39	0	0	5	0
	817322	43	0	0	0	0
	817331	41	0	0	0	0
	817341	28	0	0	2	0
	817342	28	0	0	1	0

九、士官管理学院团总支简介

团总支书记：蒋晓敏；副书记：钟　灵

士官管理学院团总支成立于2016年，现有21个团支部、822名团员。团总支自成立以来，狠抓思想政治教育，筑牢理想信念，参照部队建制设立士官生自管队伍，结合团学会干事、班干部培养，开展培养痕迹管理，实施全时域管理。通过开展士官讲坛、观看军事影片、唱响军歌、学雷锋、青年志愿者等活动，不断加强士官生的思想政治教育、爱国主义和集体主义教育、中华优秀传统文化教育，传承人民军队的优良作风和光荣传统。

表9

年级	班级	团员数/人	预备党员数/人	正式党员数/人	群众数/人	正式党员占总人数百分比/%
2016级团支部	716311	50	3	0	0	0
	716321	49	5	0	0	0
	716322	40	4	0	0	0

续表

年级	班级	团员数/人	预备党员数/人	正式党员数/人	群众数/人	正式党员占总人数百分比/%
2016级团支部	116341	39	3	0	0	0
	116342	40	5	0	0	0
	616311	60	6	0	0	0
	716351	21	3	0	0	0
	716352	20	3	0	0	0
2017级团支部	617321	49	0	0	0	0
	617322	48	0	0	0	0
	717311	50	0	0	0	0
	717312	50	0	0	0	0
	717313	50	0	0	0	0
	717321	50	0	0	0	0
	717322	50	0	0	0	0
	717341	40	0	0	0	0
	717342	40	0	0	0	0
	217331	30	0	0	0	0
	217332	29	0	0	0	0
	617311	25	0	0	0	0
	617312	24	0	0	0	0

第二节　学校青年学生思想道德现状思想引导工作

为了摸清青年学生的思想状况，我们随机选择 4 732 名学生进行了问卷调查，筛查出有效问卷 4 725 份。在认真分析整理后写出了详细的调查报告。同时，我们还随机选择了 126 名学生进行座谈、走访、深入访谈，获得了当前我校学生思想意识领域重要的第一手信息。现将有关情况整理如下：

对学校 9 个二级学院 4 732 名大学生的政治素养、人生观、价值观、就业观和社会认知等方面进行的调查研究发现，当前在校大学生的政治素养有了较为明显的提高，人生观、价值观、就业观趋向合理，对社会现象的认知程度有了很大提升。调查还发现，有部分学生在政治态度和政治观念上还存在一些矛盾和不解，道德评价、理论认知存在不一致性，道德困惑明显，存在急功近利、缺乏长远规划等问题，需要针对性加强思想政治教育的理论研究和实践，创新高职院校思想道德教育的方式方法，进一步提高青年学生思想道德素质。特别地，我们不仅要关注大多数同学的看法和想法，更要认真对待和分析少数同学的非理性表达乃至错误的观点，他们或许更加可能是我们思想政治工作的重点。

随着我国改革开放的不断深入，国际社会风云变幻，经济全球化过程中西方各种思潮的不断渗透，以及国内经济体制转轨过程中出现的消极现象带来的负面影响，当前青年学生的思想道德出现了一些不容忽视的问题。通过抽样调查对青年学生思想状况的具体分析，了解存在的问题，提出针对性的对策，对于加强大学生思想道德教育、培养高素质技术技能人才具有十分重要的现实意义。

一、当前高职在校生思想道德现状

本次青年学生思想状况调查主要围绕青年学生的政治素养、爱国主义精神、社会认知、人生价值观和就业观几个层面进行。

（一）政治素养

（1）我校青年学生的政治素养较高，爱国意志坚定，具有很强的爱国热情，对爱国主义思想和爱国情怀的表达有很好的理解；但对爱国的具体行动体现方面有失偏颇。

在问到"您会选择哪些方式来表达你的爱国情怀？"时，16.84%的同学认为在国家的利益受损时勇敢地站出来，为祖国的利益而拼命；36.70%的同学认为爱国不一定要轰轰烈烈的牺牲，要从实际出发，做对国家有益的事；30.07%的同学认为表达爱国情怀应该通过好好地学习，发展一技之长，为祖国的建设添砖加瓦。

在问到"您对'爱国就要抵制外国产品和外国文明'这一观点怎么看待？"时，超过77%的同学认为要更好地维护和实现本民族的利益，就必须善于与其他国家及其人民和谐共处、合作共赢；有18%的同学认为对于外国文化要取其精华、去其糟粕，这样才能更好地发展我们自己。

从问卷情况反馈来看，同学们在爱国情感的理性表达方面存在一些问题：在问到是否会参加一些国际事件导致的群众自发组织的和平反日游行时，有46.31%的同学表示一定会参加，只有20.25%的同学表示不会参加；超过一半（58.48%）的同学认为示威游行表达了我们对时事的态度，表现了坚持反抗到底的精神；只有三成（31.03%）的同学认为示威游行不过是冲动造成的结果。事实上，爱国绝非呐喊，更在于行动中的作为。

（2）对中国特色社会主义的发展前景充满信心，但对中国特色社会主义道路的认识较模糊，认为"有用即真理"。

综合数据，有三分之二左右（66.29%）的同学对中国特色社会主义的发展前景充满信心；有近三成（28.89%）的同学认为社会主义发展虽然道路坎坷，但前途光明。在谈到区分社会主义与资本主义的看法时，超过一半（55.96%）的同学认为二者都一样，只要人们过上了好日子，没有必要区分社会主义和资本主义，这反映出学生的思想中对于中国特色社会主义道路自信、制度自信方面有非常明显的模糊认识。

（3）绝大多数同学积极认同中国特色社会主义政治制度。

从调查问卷关于中国特色社会主义政治制度相关问题设置的反馈数据可以看出，对于中国共产党领导的多党合作和政治协商制度，超过九成（90.07%）的同学认为是适合中国国情的，是全体中国人民意愿的表现；超过八成（80.97%）的同学认为，中国共产党领导的多党合作和政治协商制度使得中国政治清明、国家发展方向明确；近八成（76.53%）的同学认为我国的人民代表大会制度符合中国国情，既富有效率，又能体现民主；有70.31%的同学认为中国是一个民主国家，24.32%的同学认为中国是一个正在走向民主的国家；超过九成（92.17%）的同学对中国特色社会主义建设的指导思想——马克思主义有比较深刻的认识和认同，认为马克思主义揭示了人类社会发展的规律，代表了最广大人民的利益，是具有科学性、实践性和革命性的理论。

（二）社会认知

1. 对贫富差距和社会公平问题认识客观

调查显示，学生能够客观看待贫富差距和社会公平问题。有53.86%的同学对中国社会的主流是公平的观点表示完全赞同，37.31%的同学表示基本赞同；有78.52%的同学认为实现共同富裕是个过程，出现贫富差距很正常，坚持效率优先、兼顾公平是正确的，认知是客观的。

2. 积极主动向党组织靠拢

调查中在问到"无论您是否党员，吸引您入党的主要动机是什么？"时，有四成（40.22%）的同学表示是理想和信念追求，有三成多（31.4%）的同学表明是以入党能够获得更多发展机会为主要动机。在问到"对身边同学积极争取加入共产党的看法"时，有近八成（77.48%）的同学认为是源于对党的发自内心的热爱和敬仰。

3. 腐败现象在党员干部中是支流

腐败是党员干部队伍中的一颗毒瘤。但同学们普遍性的认识是，腐败在党员干部中是支流，否则很难想象依靠一帮只图私利的贪污腐败分子的领导，中国的建设和发展能取得如此巨大的成就。问卷中有接近三分之二（65.16%）的同学认为当前社会腐败问题是少数，社会主流是好的；有近二成（18.18%）的同学认为虽然现状不乐观，但正在逐步改善中。

（三）爱国主义、社会主义与党的领导的统一

爱国不是抽象的。在当代中国，爱国，就是要热爱中国共产党领导的社会主义中国。

调查中在问到"您觉得一个大学生的爱国主义精神表现在哪些方面？"时，有23.45%的同学觉得表现在热爱中国传统文化，弘扬中华民族的优秀精神与传播中华文明；20.04%的同学认为爱国主义应体现在热爱中国共产党、热爱社会主义社会，努力构建中国特色社会主义和谐社会；20.80%的同学认为爱国就要积极关心国家大事，时刻响应国家号召，为国家的发展奉献自己的力量。

在关于爱国主义精神的调查中，接近九成（85.76%）的同学认为当前弘扬敢于奉献、敢于牺牲的大无畏的爱国主义精神非常有意义、有价值，要时刻牢记这种精神，并将之传承下去。超过93%的同学表示随着国家的

强大和步入大国行列，自己有底气、有自豪感，甚至七成以上（70.14%）的同学表示自己有"非常自豪"的强烈民族自豪感。在爱国主义表现所体现的行为上，有23.12%的同学认为自觉履行公民义务是爱国主义行为上的具体表现；而认为表现在学好科学文化知识、关注新闻和社会热点、积极为社会发展献言献策、积极投身社会实践等行为表现上的占 19.33%、19.24%、18.76%、19.55%。

（四）人生价值观

（1）劳动、奋斗、创造是成才成功的根本。要怀揣远大理想，努力拼搏奋斗，肩负责任，勇往直前。综合数据可以发现，大学期间同学们最希望获得的发展依次是：增强个人心理素质和适应能力，锻炼提高专业方面和其他各方面的能力，建立良好的人际关系，扎实学习学科专业知识等。有近半数（47.81%）的同学认为拜金主义思想对青年学生的负面影响最大，二成（20.47%）的同学认为追逐权力、逃避责任的思想危害最大。对于当代青年存在的突出问题方面，有 25.42%的同学认为是责任意识差，20.0%的同学认为奉献意识不强是主要问题。此外，有71.34%的同学认为应大力加强青年理想信念教育，有57.19%的同学认为艰苦奋斗精神是当代青年学生最应该发扬光大的精神。

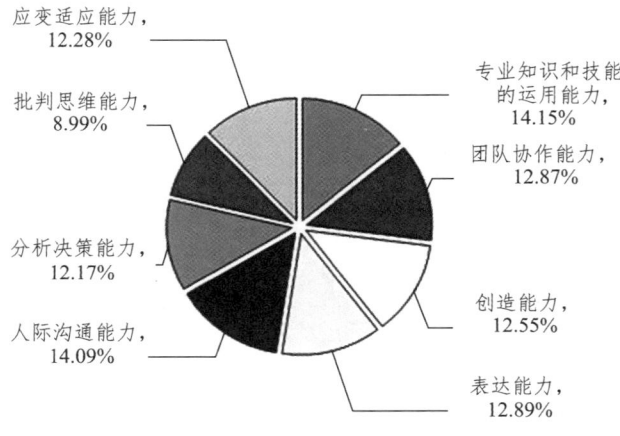

图 1　实现成功最需要培养的个人能力

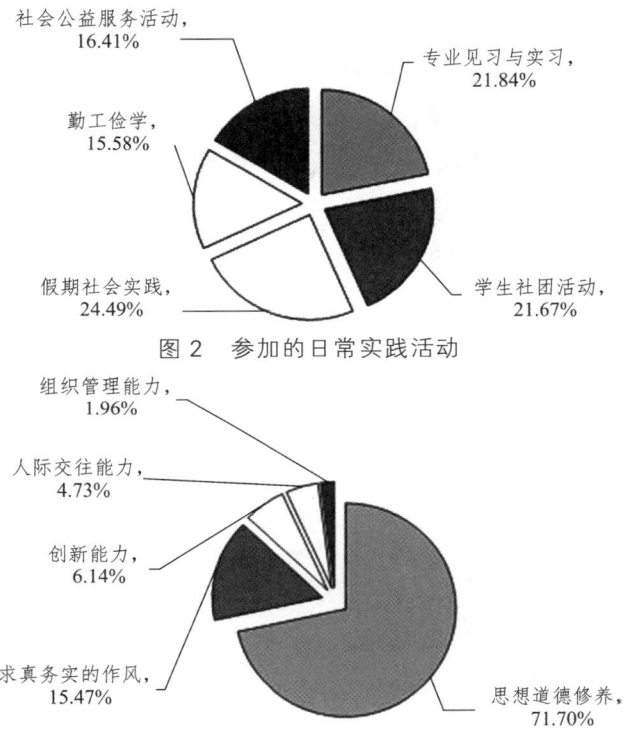

图 2　参加的日常实践活动

图 3　当前团员青年应该提高的素质

由图 1～图 3 可以看出，青年学生对于成功应具备的素质非常重视，他们认为应参加各类实践活动来培养、增强自己的实践能力。超过七成（71.70%）的同学能清晰地认识到综合素质中思想道德修养的重要性和不可替代性。

（2）人生除了物质追求，更要有精神追求。应把追求物质生活的丰富与精神境界的充实统一起来，要警醒和抵御极端个人主义、拜金主义、享乐主义等不良思想的影响，防止一味追求个人利益和物质享受。对于精神生活和物质生活哪个更重要的问题，调查数据显示：有 46.6%的同学觉得物质生活重要，只有 10.75%的同学认为精神生活重要；有 42.43%的同学认为拥有足够的金钱是自己的理想追求。以上数据反映出经济社会发展对当代大学生思想观念的深刻影响。

（五）就业观

关于就业和创业方面的调研发现，超过七成（73.71%）的同学能够认识到事业和工作有很大区别；在职业选择标准方面，超过一半（53.1%）的同学是以经济收入的高低作为衡量标准的；有近八成（78.92%）的同学勇于选择自主创业，在创业的磨炼中体验奋斗乐趣，实现人生梦想；超过七成（73.82%）的同学能够正视就业难是一个长期性的问题，认为党和政府采取了积极措施，会解决这个问题；对于国家鼓励大学毕业生到基层和农村就业创业的号召，有79.09%的同学认为基层很能锻炼人，愿意到基层去工作，体现了当代大学生积极正向的价值取向。

二、当前高职在校生思想道德中存在的问题

在充分肯定大学生主流的前提下，由于各种因素的影响，青年学生思想认识及道德水平依然存在不容乐观的问题，表现为以下几个方面。

（一）部分学生在政治态度和政治观念上还存在一些矛盾和困惑

仍有小部分学生对于重大的政治问题不关心或存在政治认知上的模糊性和认识偏差，政治敏锐性不强，甚至有政治情感冷漠、政治信念摇摆等现象。有学生甚至认为问卷中不该有任何政治性的问题，并对这类问题表示反感。这也说明，在政治取向上，有的学生存在某种程度的功利倾向，他们多用经济眼光和从自我发展、自身利益的角度来看待政治问题，在政治理想上存在着淡化的问题。

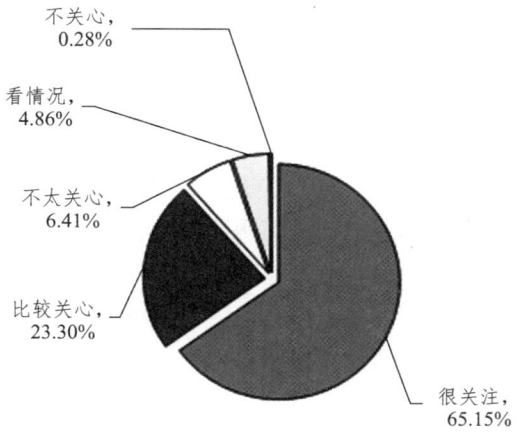

图 4　对一些政治性话题的态度

（二）道德评价理论认知存在不一致性，采用双重评价标准，道德困惑表现明显

特定的历史环境和社会背景决定了青年学生也具有个人主义、目标和行为短期化等特征。学生面对纷繁复杂、急剧变化的社会环境，在道德上陷入观念模糊的误区。他们在推崇市场经济基本道德规范的同时，又对市场经济条件下的一些道德规范本身难作主张。一方面，他们知道天下兴亡、匹夫有责；另一方面，在看到拜金主义、极端个人主义倾向时又产生疑虑。一方面，他们在学校接受正面思想观念教育；另一方面，在看到某些消极腐败现象时则感到无所适从。他们在价值判断与选择上存有"关心与冷漠相容，希望与困惑并存，进取与彷徨相伴，认同与失落交错"的心态。这也是价值取向中自身的内在要求与社会现实在校园中的折射之间的矛盾。

（三）总趋势积极进取、健康向上，但价值观念仍欠成熟

部分学生还不能用正确的价值目标来指导实践，合理的利己主义在青年学生中很有市场。在处理人与人之间、个人利益与集体利益之间的关系上，有些学生价值标准模糊。当人生的价值目标和现实利益发生矛盾时，不少学生倾向于现实利益的考虑，价值选择和价值实现上的实惠性和功利性倾向比较明显。他们对高尚的道德行为在观念上认同，但不愿或不能积极地转化为自己自觉的行为，这也反映了处在社会经济体制转型时期的青年学生复杂而矛盾的心理。

（四）对自身发展缺乏长远规划，学习目标模糊

青年学生的思想观念很大程度上受其成才目标、择业需要、学习生活情况的影响所左右。我校学生在对自身发展规划方面，只有 8.02% 的同学有 5 年以上的发展规划，绝大多数同学只有短期目标。在学习内容方面，大多数同学比较看重专业知识和专业技术的学习，却忽视了专业外综合素质的全面发展。因此，在教育教学中要紧密联系学生的学习生活实际，才能使思想政治工作贴近学生、贴近生活、贴近现实，做到学生的心坎上，收到实效。

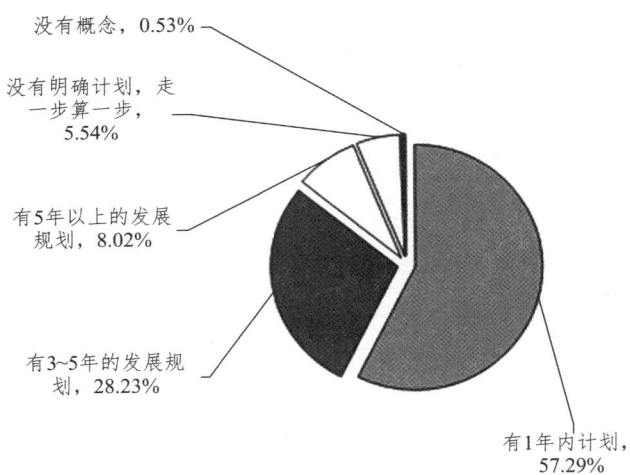

图 5　对自身发展的规划

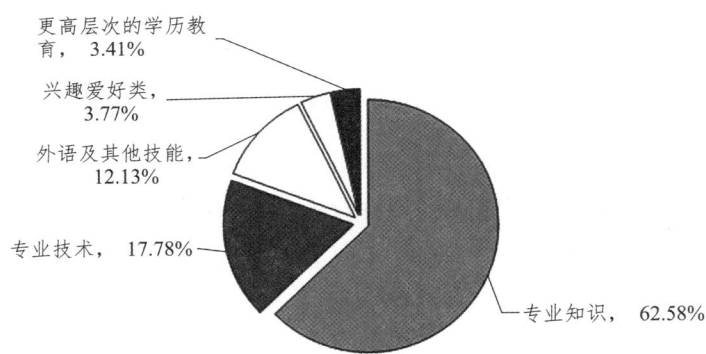

图 6　目前最迫切的学习内容

上述我校学生思想状况的特征和走向是与时代变动、社会转型的宏观背景相联系的。青年学生在探索、选择、思考中变化，又在变化中探索、选择、思考。从主体上分析，主流积极健康向上，支流问题不容忽视；思想情绪稳定活跃，但在许多问题上表现出矛盾心态；静态观察比较乐观，动态分析有些问题值得忧虑；表面上趋于务实，深层陷入迷茫困惑。而面对这些矛盾，合理的教育和引导是关键。

三、提高当代高职学生思想道德素质的对策

（一）丰富教育内容，提高工作绩效

1. 进一步加强大学生心理健康教育工作

任何教育影响都是在一定的心理背景下发生的，健康良好的心理品质是顺利进行思想品德教育的心理基础。德育亦应与心理教育结合起来，把培养思想道德品质的认知、情感、意志等结合起来，把说理教育与心理疏导结合起来，把道德行为习惯的养成和心理训练结合起来。帮助学生们处理好学习、人际关系、家庭生活、恋爱、身体健康、求职等方面产生的心理矛盾，积极预防学生中各类心理障碍和变态人格的倾向，减少精神疾患和心理危机事件的发生，增强学生承受挫折的能力和快速适应环境的心理及行为能力。同时，重视心理素质的多学科渗透教育。高职学生心理健康教育不能仅仅局限于一两门必修课和选修课的设置，而应当培养全体教师的心理健康教育观念，把心理健康教育和辅导贯穿、渗透于各门课程以及培养学生专业技术应用能力的实践教学环节之中，达到对学生潜移默化的影响，使心理健康教育始终以培养良好个性特征和健全人格为目标，并在正确的人生观、价值观引领理想信念确立和提升人生追求的更高目标上，与思想政治工作统一起来，共同促进高职学生全面发展培养目标的实现。

2. 大力加强形势与政策教育

通过上好形势与政治课、专题班会和主题团日活动、开好形势报告会等形式，及时引导学生理解和掌握正确的思想方法，立足现实，正确认识国际国内形势，理解党和政府的大政方针政策。让学生正确理解政治经济全球化进程中的爱国主义，把爱国主义教育和成才教育结合起来。积极引导学生学习一些马列经典著作，从马列主义思想体系、毛泽东思想、邓小平理论、"三个代表"重要思想和科学发展观的内涵上，尤其是习近平新时代中国特色社会主义思想的精神实质上，弄懂弄通一些基本观点。要结合当代大学生关心的热点、疑点和难点问题，开展系列专题讨论；要针对当代高职学生特点进行研究和分析，帮助他们树立健康积极的人生观和积极正向的价值观，树立并坚定正确的理想信念。

3. 进一步开展人文讲座活动,提升学生的人文素养

单一的知识和技术背景在现代多元社会中难以真正适应事业发展和人的自身发展需要。具有较全面的知识结构才能更深刻、更准确地把握判断问题和处理事情。为此,应加大民族优秀文化和世界先进文化的教育力度,引导学生正确对待优秀中华传统文化和外来文化;要加强历史教育和国情教育,开展必要的文化和文明的比较教育;要教育培养学生爱党、爱国、爱人民,立足中国、胸怀世界、积极奉献的人文情怀,在智商和情商中寻求平衡,并注重对广大学生人文精神和创新能力的培养。

(二)优化校园文化,创设良好育人环境

校园文化建设对培养学生的综合能力素质起着特别重要的作用。我们既要建设全面、综合、多层次的校园文化环境,提升其育人功能,向多方位拓展,又要彰显航空高职院校特色和专业特色,增强校园文化活动亲和力,真正体现其载体与教育功能,营造一种利于学生身心健康成长的校园文化和精神氛围。通过各种有组织的课外活动、会议和宣传媒介等多种形式,形成正确的舆论氛围,倡导与维护道德新风,揭露、抨击一些不符合社会要求和规范的言行,提高学生自我认识、自我教育、自我管理的能力与水平。在日常工作中,在组织会议和开展活动的过程中,要注重它们所承载的思想性内容及其针对性。同时,要注重加强团学组织、学生自发组织、学生社团的建设与管理,努力使全校学生积极参与各种丰富多彩的校园文化活动,弘扬集体主义精神、合理适度张扬个性,培养和树立良好的学风、班风、校风,使大众化的、普及性的校园文化适应于高等教育从精英教育向大众化教育转变的大趋势,使职业性的、航空特色性的学校文化凸显高职院校的职业教育本质特征和新类型高等教育的特点,让全体高职学生能获得表现、锻炼和提高的机会。

(三)合理系统规划,加强就业指导

思想教育应与当前学生的职业生涯规划和就业创业教育相结合,重视在大学阶段进行全程性质的就业指导。就业指导不应仅仅局限于对毕业生的指导，而是应当纵向延伸，贯穿整个高职教育的始终，使学生在大学阶段能够明确自身在社会中所处的位置、肩负的责任，把个人发展和社会需要结合起来，树立个人价值和社会价值相统一的发展观和就业观。应把就业指导作为学生在校三年中的一个教育系统，进行长远规划、建立长效机制。事实上，高职学生从一年级到毕业，其心理、生理是处于连续不断的变化之中的。就业指导应遵循其身心发展规律、教育规律，分段实施，使学生职业生涯规划的每一个阶段都有相应的辅导人员为其提供服务、帮助和指导；并依据不同专业、年级学生学习阶段和特点，为其提供不同的指导内容。对于低年级学生，应使其能对日后的就业或进一步深造尽早打算与合理规划；对毕业班学生则应加强就业的信息公布、信息流通，引导他们合理选择，在为社会、为国家建设做贡献与自身发展、实现理想之间找到平衡点。

（四）重视传播工具，利用网络载体

随着计算机应用越来越深入人们的生活，以互联网为代表的现代传播工具的普及对青年学生的思想产生了越来越大的影响（图7、图8）。为适应这种新条件、新环境、新情况，我们就必须利用信息网络的多媒体和虚拟现实技术，大力推进思想政治教育工作进网络。按照"积极发展，加强管理，趋利避害，为我所用"的原则，积极探索用正确、积极、健康的思想、文化和信息资源占领网络阵地的有效途径及方法。开展网络道德教育，营造良好的校园网络文化氛围，把握网络文化实时快捷、信息含量丰富、受众面广、内容开放、节点互联的特殊形式，使思想政治工作的政治性、思想性和交互性、自主性紧密结合。多提供生动活泼的思想教育内容和教材，推广、鼓励创作优秀作品，融合学生工作与交流的双重功能，增强思想政治工作的渗透效果，把思想道德教育工作延伸到新的领域。

其次，利用网络改变传统的教育模式。过去单向灌输的教育模式不能在这个开放的系统中更好地运作下去，应充分发挥教育对象的主体地位、自主意识，使教育对象积极主动地参与思想教育工作的各个环节，从而增强自我教育在高职学生思想政治教育工作中的比重，也使大学生思想工作更有人情味，更具亲和力。

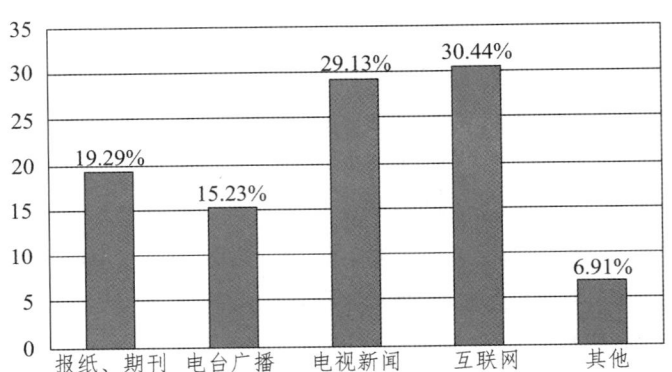

图 7　了解国家大事件或是其他时事动态的主要渠道

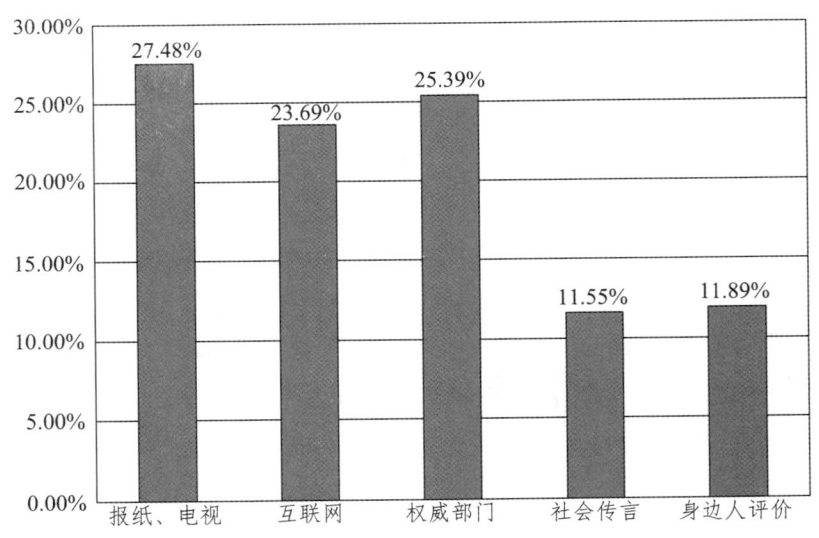

图 8　影响个人对社会认知的主要因素

现实世界正在不断变革当中，人的思想也随之而改变。在外界信息的广泛影响下，当代青年学生的思想总是最活跃的、多维的、超前的，学校作为青年学生的直接教育者、管理者和服务者，应随着时代的发展、社会环境的变迁和学生情况的变化而在教育观念、教育方式、教育内容上做出相应的调整和创新。思想教育更是最终影响一个人的观念、信仰和价值取向等最深层次内在因素的重要环节，决定着人各方面的行为取向。因此，高校学生思想政治教育应不断加以改进和完善，以培养学生独立、正直的品性，开朗、豁达、理解、宽容的人格，以及关注社会、关爱他人、志存高远的情怀为目标，不断探索创新、不断完善改进。

第二章　学校青年学生思想关键与科学引导

第一节　学校青年学生思想引导基本内容

一、关于大学生理性表达爱国情感的问题

（1）针对的观点："游行示威等行为是有血性、有爱国气节的表现。"

爱国无非就是希望国家好。为表达爱国热情而采取集体行动时，要充分考量是否有利于国家的根本利益。

在一些特殊时刻，比如国家和民族的重大利益受到损害、不适当采取集体行动不足以向国际社会表达国民的意志时，游行等行动确实是一种爱国热情的表达方式。但要注意两点：一是要按照法律规定向政府申请并获批，这也是世界各国的通例；二是不能只为情感宣泄上的"一时之快"，不考虑行动可能对社会秩序、国家形象、国际舆论产生的负面影响。因此，要文明、理性地表达爱国热情和诉求，即使是游行，也要以正当有序的方式进行，防止爱国情感和行动被人利用，给国家、政府和社会"添乱"。

只有冷静理智、合法有序地表达情感，才能更有效地凝聚起捍卫民族尊严、国家利益的强大力量，赢得国际社会更多的理解、尊重与支持。

（2）针对的观点："表达爱国热情就可以自由行动。"

系统论告诉我们，系统的功能，并不等于各要素功能的简单相加。哪怕是出发点再好的行动，当它自发聚集为大规模的群体行动时，就有可能带来偏离每个个体本意的、不可控的后果，导致"好心办坏事"。

在爱国、希望国家好这个问题上，党和政府与广大群众在情感和目标上是一致的。在通常情况下，相比个人而言，党和政府对各方面信息掌握得更为全面，对总体利益与局部利益、长远利益与短期利益的关系把握得

更为准确，也更能够从大局出发，维护好国家的根本利益。如果部分公民依据个人判断采取行动，有时候可能会有损国家利益。

国不乱，民才安。这是人类历史长河中，用无数代人的鲜血所证明了的规律。爱国的激情没有限度，但是，表达爱国的方式，却有着法律的边界与尺度。它并不因为有着高尚的爱国理由，便可以自由发挥、为所欲为。爱出格，则祸国。作为个体，依法、理性表达爱国情感，才是一种对国家对民族负责的态度。

（3）针对的观点："爱国就要抵制外国产品和外国文明。"

在当前全球化浪潮深入推进的形势下，已经没有哪一个国家可以封闭式地独自完成自身的现代化进程。我们要更好地维护和实现本民族的利益，就必须善于与其他国家及其人民和谐共处、合作共赢。一些狭隘民族主义的主张和行动，可能会给国外"中国威胁论"者以口实，不利于我国推进改革开放及培养形成理性平和的国民心态，其结果可能有损国家利益。

无论是哪种文明或者产品，都是人类智慧的结晶，都是人劳动的产物，这些东西在给世界提供便利的同时也在推进社会的发展。人类的发展目标是使每一个人的生活更加美好、方便和快乐。现在，全盘否认外国产品和外国文明，把这些可以创造价值、提供方便的东西根除，是一种诱拐的方法；这种方法以绑架情感为基础，目的也仅仅是满足心理上产生的报复快感。然而它的意义微乎其微，甚至会起到反作用。中国自古以来都有着"海纳百川，有容乃大"的气魄，我们不应该让盲目的"仇外""排外"情绪禁锢了我们的视野和思维。使用国外的产品、了解外国文明，是为了学习、借鉴和合作，取其精华、去其糟粕，使我们自身更加高效迅速地提高，这不影响我们对这些国家的理性认识，也不影响我们爱国。

（4）针对的观点："大家都去参加游行示威的'爱国行动'了，我也应该去。"

这是一种典型的从众心理。从众心理很容易导致盲从，而盲从往往会陷入骗局或遭到失败。

作为一个有头脑、有独立思考能力的知识青年，在参与社会行动时，不能人云亦云、盲目跟风，而要有自己的思想和见解，收集信息后敏锐地进行理性判断，潜心观理，定心应变。要防止陷入"集体无意识"的思维方式之中，更要警惕被别有用心的不法分子教唆、诱导和利用，做出有损国家、集体及人民利益的行为。

（5）针对的观点："爱国热情高于一切。"

如何让爱国更有力？心动不如行动。爱国归根结底要体现为对国家发展和进步做出实实在在的贡献。作为当代的大学生，潜心求学是爱国；维护社会的稳定是爱国；借助网络的力量，效仿所谓"红客"也是爱国。因此，我们要把宝贵的爱国热情转化为做好本职工作和刻苦学习本领的实际行动，把强烈的爱国激情凝聚成推动国家发展、民族振兴、社会稳定的共同意志，为实现中华民族的伟大复兴贡献力量。

二、关于中国特色社会主义的理性认同问题

（1）针对的观点："没有必要区分社会主义和资本主义。"

"道路"决定成败。一个人是"走正道"，还是"入歧途"，从根本上决定着他人生的成败。对于一个国家而言，"道路"是否选得对、走得对，从根本上关系着民族的兴亡和国计民生，关系着老百姓的生计与幸福。

社会主义制度在中国的确立、巩固和发展，体现了中国近现代社会运动的客观规律，是中国历史上最伟大、最深刻的变革。只有社会主义才能救中国，只有选择和坚持社会主义道路，我们民族才能获得独立，国家现代化的道路才能越走越宽广，中国人民的日子才会越来越好。这是一百多年来中国近现代历史发展得出的必然结论。邓小平同志曾经指出："如果我们不是马克思主义者，没有对马克思主义的充分信仰，或者不是把马克思主义同中国自己的实际相结合，走自己的道路，中国革命就搞不成功，中国现在还会是四分五裂，没有独立，也没有统一。"

根本对立的"主义"不可能趋同。资本主义和社会主义是两种不同的社会制度。在资本主义社会，资本的最大占有者才拥有最大的社会权力，其根本目的是通过保障人们的物质文化等需要而不断满足资本利益。而社会主义是为最广大劳动人民谋利益的社会制度，其根本目的是通过保障资本利益而不断满足人们的物质文化等需要。当今世界，社会主义和资本主义共存，二者既互相借鉴、互相合作，又互相较量、互相竞争。中国特色

社会主义制度成为适合中国国情的、优于西方所谓"资本主义制度是最好的制度"的先进社会制度。无论在经济社会的一些管理办法，甚至在具体体制的一些运行方式方面走得多"近"，核心价值观的迥异，根本目的的差别，决定了二者在本质上不可能趋同。

（2）针对的观点："中国特色社会主义道路是一条淡化意识形态的实用主义道路。"

"实事求是"与"实用主义"是两种根本不同的哲学观。

实事求是，其中的"实事"就是实践，"求"就是追求，"是"就是真理。"实事求是"就是从实践中追求真理和发展真理。追求真理和发展真理是人类最崇高的理想，从脚下起步实践，为共产主义理想而奋斗。

实用主义，其中的"实"也是指实践，"用"指的是效用，"主义"是理论、行动的指南。"实用主义"就是从实践中收到效用的理论。随着经济的快速发展，追求财富、急功近利成了社会的普遍价值。

实事求是与实用主义的区别在于：一个强调一切要从实际出发，在实践中发现真理、检验真理；一个否认世界的物质性和真理的客观性，把客观存在和经验等同起来，认为"有用即真理"，凡事以即时的实用为原则。

中国特色社会主义道路是马克思主义普遍原理同中国实际相结合的必然选择，不但有自己的意识形态和价值追求，而且是符合中国国情的理性选择，绝不是以即时的实用为原则的"实用主义道路"！

（3）针对的观点："中国特色社会主义实质上是资本主义。"

中华人民共和国成立以来，中国的社会主义现代化建设取得了举世瞩目的伟大成就。到 2009 年中华人民共和国成立 60 周年时，我国国内生产总值实际增长 77 倍，人均超过 3 000 美元，财政收入增长约 1 000 倍；外汇储备增长 1 万多倍，位居世界第一。特别是改革开放 40 年来，中国国内生产总值由 1978 年的 3 645 亿元，提高到 2017 年的 82.7 万亿元，40 年间国内生产总值跃升了 200 多倍，年均增长 9.5%；中国的经济总量占世界经济的比重为 15%左右，已提升到世界第二并成为世界第二大经济体。迄今为止，全球范围内能够连续 25 年保持 7%以上经济增长率的经济体只有 13 个。从世界历史的发展进程看，如此奇迹般的成就是少有的。伴随着经济发展，我国居民人均可支配收入达到史无前例的 25 974 元，人均存款增长

1万倍以上，城镇居民收入增长150倍以上，农村居民收入增长超过100倍，中国老百姓的生活水平得到了很大提高。

"事物的性质主要是由取得支配地位的矛盾的主要方面所决定的。"社会主义制度在中国的建立，标志着中国已经进入社会主义社会。但中国的社会主义脱胎于半殖民地半封建社会，因而现在处于并将长期处于社会主义初级阶段。在这样的阶段，只能让多种所有制经济长期并存、共同发展。但是要看到，在我国基本经济制度架构下，公有制居于主体地位，国有经济主导着国民经济命脉，这就确保了社会主义经济根基始终不动摇，确保了社会主义国家的上层建筑始终有着坚实的经济基础。

是否实行市场经济，不是社会主义和资本主义的根本区别。计划和市场，都是调节经济的手段，资本主义国家可以有计划，社会主义国家也可以有市场。中国搞社会主义市场经济，走中国特色社会主义道路，坚持了科学社会主义的基本原则，实质是社会主义而不是资本主义。

三、关于中国特色社会主义政治制度的认同问题

（1）针对的观点："人大代表不能真正代表人民。"

人大代表是由人民选举产生的。《中华人民共和国选举法》规定："不设区的市、市辖区、县、自治县、乡、民族乡、镇的人民代表大会的代表，由选民直接选举。"设区市、省和全国人大代表，由下一级人民代表大会选举产生，实质上也是由人民选出来的。人大代表来自各个民族、各个地区、各个行业、各个阶层，具有十分广泛的代表性。《中华人民共和国宪法》规定：中华人民共和国年满十八周岁的公民，不分民族、种族、性别、职业、家庭出身、宗教信仰、教育程度、财产状况、居住期限，都有选举权和被选举权。

人民代表大会制度是符合中国国情、体现中国的社会主义国家性质、能够保证中国人民当家作主的根本政治制度。人民代表大会制度具有旺盛的生命力和巨大的优越性。

① 人民代表大会制度保障了人民当家作主的根本权益。人民通过民主选举产生自己的代表，组成各级人民代表大会，各级人民代表大会都对人

民负责、受人民监督,有力地保证了全国各族人民当家作主,享有宪法和法律规定的广泛的民主权利自由。

② 人民代表大会制度动员了全体人民以国家主人翁的地位投身社会主义现代化建设。

③ 人民代表大会制度保证了国家机关的协调高效运转。我国实行人民代表大会制度,由人民代表大会统一行使权力,同时对国家的行政权、审判权、检察权有明确的划分,使国家权力机关和国家行政机关、审判机关、检察机关能够在各自的职权范围协调一致地工作。

④ 人民代表大会制度维护了国家统一、民族团结。

⑤ 实行人民代表大会制度,是中国人民当家作主的重要途径和最高实现形式,有力地保证了人民当家作主,有利于加强和改善党的领导。在我国,中国共产党是执政党,党通过人民代表大会制度,经过国家权力机关按照法定程序制定法律或者做出决定,把自己的主张变成国家意志,变成全体人民的共同行为规范和自觉行动。

⑥ 人民代表大会制度是我国的根本政治制度。

随着我国社会主义民主政治的不断发展,各级人大代表的构成也在不断完善,其代表性不断增强,特别是来自普通群众的代表比例不断提高。人民代表大会作为有序政治参与的平台,正越来越广泛地吸纳不同阶层与群体进行议政。比如,十一届全国人大代表中,省级政府组成部门领导干部代表比例大幅下降,相比之下,一线工人代表增加了一倍以上,基层农民代表增加了 70% 以上;十一届全国人大三次会议审议通过的《选举法》修正案,明确提出了实行城乡按相同人口比例选举人大代表。这些都是人民享有的民主权利随着我国经济社会发展而不断发展的例证。

(2)针对的观点:"人大不过是'橡皮图章''表决机器'。"

西方议会制是一种对抗式民主,不同党派、不同政治力量在议会中相互争吵、相互攻击是常态。这种民主形式是与西方的历史文化传统和个人主义、自由主义价值观紧密联系在一起的。

我国的人民代表大会制度是一种协商式民主,这种民主形式是与我国社会本位、"和而不同、以和为贵"的历史文化传统以及社会主义的集体主义价值观紧密联系在一起的。它强调民主基础上的集中和集中指导下的民主相结合，既充分尊重各方的不同意见，又努力追求和实现全局性的共同意志。

"表决机器""橡皮图章"看到的只是表象。我国各级人民代表大会做出的各项重大决策，在提交表决前，就广泛征求了包括人大代表、民主党派、政协委员、专家学者和普通群众的意见，并根据这些意见对草案反复进行修改。最终提交表决的议案已经比较成熟，代表了最广泛的民意。我们可以从两个方面来认识。首先，各民主党派、无党派人士作为各自所联系的一部分社会主义劳动者和一部分拥护社会主义的爱国者的政治联盟，代表着各自所联系群众的具体利益和要求。正是由于民主党派参与多党合作和政治协商，我国的政治制度和国家政权才具备更广泛的代表性，充分反映和整合各方面的民意，赢得稳固的社会基础，实现广泛的有序政治参与。其次，各民主党派、无党派人士参政对于执政党决策的民主化、科学化起到了重要作用。中国共产党同各民主党派、无党派民主人士在长期合作中形成了充分信任、相互协商的传统和机制。例如，近年来，各民主党派、无党派人士围绕三峡工程、西部大开发、振兴东北地区等老工业基地、抗击非典、完善宏观调控、建设社会主义新农村、应对国际金融危机冲击等一系列具有全局性、战略性、前瞻性的重大问题，提出了许多重大意见和建议，对于党和政府科学决策发挥了积极作用。

历史和现实表明，我国的人民代表大会制度体现了社会主义制度的本质要求，同我国的经济、政治、文化、社会状况相符合，也同我国疆域广大、人口众多、民族众多等基本国情相适应。

（3）针对的观点："人民代表大会制度在运行中有很多问题。"

任何一项制度，其发展和完善都需要一个过程。中国共产党在领导新民主主义革命中不断探索着人民政权的组织形式。从大革命时期（1924—1927年）的"罢工工人代表大会""农民协会"，十年内战时期（1927—1937年）的"工农兵代表会议"，抗日战争时期（1937—1945年）的"参政会"，到解放战争时期（1946—1949年）的各级"人民代表会议"，人大制度就这样一步一步向我们走来。人民代表大会制度是符合我国人民民主专政的国家性质、具有中国特色的政权组织形式，是我国的根本政治制度。它由人民革命直接创造产生，反映了我国国家的性质，是我们国家政治力量的源泉。

从 1954 年第一届全国人民代表大会第一次会议召开,全面确立人民代表大会制度至今,已过去六十余载。在这半个多世纪中,人民代表大会制度虽曾经历风雨,仍大步向前,不断完善,在国家政治生活中发挥了极其重要的、不可替代的作用,极大地推进和保障了我国社会主义事业的发展。

现实中,确实存在部分人大代表与民众联系不紧密、监督力度不够等问题。但我们也要看到,随着各方面制度的逐步改进和完善,这些问题正在不断得到解决。比如,近年来,许多地方探索实行人大代表述职制度、人大代表接访制度、人大代表进社区制度等,这些改革举措,密切了人大代表与选民之间的联系,增强了人大代表的代表性。《中华人民共和国各级人民代表大会常务委员会监督法》的出台,也为各级人大及其常委会的监督提供了更为明确的法律依据和更为有力的法律保障。

四、关于人生观、价值观问题

(1)针对的观点:"票子、房子、车子是人生的主要奋斗目标,拼命赚钱成为有钱人。"

人之所以为万物之灵,就在于人有意识、有精神世界。物质需要的满足使人得以"生存",仅就这一点而言,人与其他物种并没有根本区别。只有精神需要的满足,才使人得以"生活",得以实现生命的价值。马斯洛的需要层次论(生理需求、安全需求、社交需求、尊重需求和自我实现需求),也揭示了精神需求是对物质需求的超越,是人的高层次需求的道理。

作为生命体,人们追求物质需要的不断满足和改善,追求更好的生存环境和质量是无可厚非的,这也是社会发展进步的重要动力来源。我们发展社会主义市场经济,就是要充分尊重人们追求合理物质利益的权利。

大学生作为国家未来的栋梁,要有以天下为己任、报效祖国、服务人民的社会理想,要有传承优秀文化、弘扬精神文明、引领清风正气的思想追求,努力将追求个人生活境遇的改善与热爱祖国、奉献社会的理想统一起来,将追求物质生活的丰富与精神境界的提升统一起来。尤其要警醒和抵御极端个人主义、拜金主义、享乐主义等不良思想的影响,防止一味追求个人利益和物质享受,倡导精神极简、物质极简、信息极简的"极简主义"生活方式。

（2）针对的观点："成功的人生即为有钱的人生，自我价值要通过金钱来体现。"

改革开放以来，我国经济持续高速发展，带来了市场繁荣，出现了高收入群体。其中，部分追求高消费，大肆挥霍、一掷千金，使大学生的价值观念和消费观念受到严重冲击和影响。消费主义对处于人生观、价值观形成关键时期的大学生的影响大于艰苦朴素教育；在社会、家庭、学校教育中望子女成才的态度大于勤俭节约的教育。成长在经济高速发展的社会里，在某些大学生的思想行为中，艰苦朴素、勤俭节约等良好品德已不占主体地位。他们崇拜金钱，追求享乐，缺少艰苦奋斗精神。家长对孩子的过分溺爱，新闻媒体对消费文化不恰当的张扬与灌输，某些大学生之间的相互攀比，学校淡化了优良传统的教育，共同助推了大学生享乐主义观念的膨胀。

追求物质享受和倾心金钱已成为当今社会一部分人的主导追求。"钱不是万能的，但没有钱是万万不能的"已成为当下一些人的口头禅。某些大学生则利用各种机会去赚钱，拼命地去消费，即使那些贫寒家庭的学生也在相互攀比中和消费享乐主义的影响下难以抵挡诱惑。部分富裕家庭的大学生"富"而不思学现象严重。他们吃好、穿好、玩好，整天过着优哉的生活。一些大学生讲虚荣、摆阔气、穿名牌，互相攀比，追求高消费。他们把高消费看作是一种派头，一种个人价值的体现。少数大学生追求高消费必然影响到其他同学的消费心理，从而导致了当下大学生中享乐主义、拜金主义的蔓延。

在世俗社会中，金钱确实是一个很重要的生存因素，它可以反映一个人的生活条件，在某种程度上表现人的社会地位和心理状态。如果金钱只是作为一种物质财富在人们的生活中起作用，是无可非议的。但当代部分青年已经将金钱作为衡量一个人的价值标准，这就有些可悲了。纵有黄金万两，不过一日三餐；家有华厦千层，一夜不过睡一张床。成功的人生源于人自身对事物的判断，源于对自身心态的肯定。

大学生实现自我价值必须加强自我修养。一个人要创造价值，首先应具有自我价值。提高自我价值，一要靠外部的教育，二要靠自我修养和锤炼，并在提高内在素质上下功夫。社会主义市场经济对人才素质和价值观提出新的更高要求。大学生要从学会如何做人中加强自我修养，从学会如何思考中加强自我修养，从学会如何学习中加强自我修养。一是要有崇高的人生目的。人为什么活着？这是人生观的核心，也是价值观的核心。有了正确的人生目的，就有了前进的方向和强大的动力。反之，便失去了前进的方向和动力。二是要有良好的生活规律。大学生要把实现自我价值的强大动力、崇高的理想、坚定的信念与脚踏实地的精神结合起来。"千里之行，始于足下。"任何一个伟大的人物、一个成功人士都是从一点一滴做起，从年轻时代就刻苦自励，严以律己，养成良好的生活规律。三是要有良好的道德修养。做人离不开"道德"二字，人的素质、人的价值也离不开"道德"二字。因此，大学生要有良好的道德修养，文明礼貌，乐于助人；养成良好的心理素质，做一个有益于社会、有益于人民的人，在为祖国、人民的幸福做奉献中实现自我价值。

（3）针对的观点："劳动不值钱，普通劳动者没地位。"

随着我国经济社会的不断发展进步，人民生活水平日益提高。而在青年群体中，也滋生了慵懒、安于现状、缺乏责任意识等问题。无论什么时候，我们要永远记住一句话："生于忧患，死于安乐。"

"天下兴亡，匹夫有责。"社会责任感是人的重要素质。它要求人有崇高的理想、健全的人格；要求人勤奋学习、敬业奉献；要求人公正诚信、团结友善、关心集体、艰苦奋斗等。然而当下一些大学生在生活上贪图享受，不珍惜父母、家人的劳动，超现实享受，缺乏家庭责任意识；在目标方向上胸无大志、得过且过、眼高手低，不关心国家大事和社会发展。这些大学生往往重物质利益，轻无私奉献；重金钱实惠，轻理想追求；重等价交换，而不愿意奉献爱心。

劳动、奋斗、创造是通往成功的根本路径。每一个人都希望在人生历程中取得成功，实现自己的价值。但"天上不会掉下馅饼"，从古到今，大到一个国家、民族，小到每一个人，成功的道路上向来充满着荆棘和坎坷，取得成功总是需要付出辛勤和汗水。成功的目标越高，需要付出的努力就越大。虽然成功是奋斗和机遇相结合的产物，有奋斗未必能取得成功，但不奋斗就肯定不能成功。一个人去劳动、奋斗，去开拓、进取，即使时运不济，结果一时不能如愿，但这种奋斗的过程本身就具有价值，在艰苦奋斗过程中所锻炼的本领、积累的经验、吸取的教训，都将为其在日后取得成功奠定基础。大学生都希望自己在未来的各行各业上取得成就，那就要时刻牢记"劳动创造价值、奋斗成就人生"的道理，从现在做起，一步一个脚印地为实现自己的梦想而付出努力。

普通劳动者的价值创造不普通。在充满创业机会的当今时代，不少青年对自己的未来寄予很高的期望，希望自己的人生能够轰轰烈烈，"成大器""建大业""出大名""立大功"。有这样的志向是很好的，它能够促使青年产生强大的奋斗动力。但同时要认识到，在无数有着同样"远大志向"的人中，最终能够真正"成大功"的人毕竟是少数。任何一个历史时期，各行各业当然都会涌现出一批杰出人物，但无论哪个年代，社会的基本面总是由"普通人"构成的，这也是社会发展的一个规律性现象。在各个行业的竞争中，有人"杀出重围"，成为领军人物，但更多的人是要成为劳动大军中的普通一员。这里有一个如何认识普通劳动者的价值的问题。历史唯物主义告诉我们，少数英雄人物在历史发展中具有重要作用，但只有广大人民群众才是真正的历史创造者、推动者。同样的道理，虽然各个行业的少部分"精英"有着突出的社会地位和作用，但真正推动经济社会发展的主体性力量是广大的普通劳动者。在现实中，我们既要敢于追求杰出，又要不怕甘于平凡，因为平凡中能创造伟大。

五、关于贫富差距和社会公平问题

（1）针对的观点："'先富'带'后富'的政策有问题，并未真正实现。"

我国人口多、底子薄，生产力还不发达，实现共同富裕需要一个较长的历史时期。我国地域辽阔、人口众多，各地区的地理位置、自然条件、经济和科技水平、社会和人文状况等差异很大，地区之间发展很不平衡，实现共同富裕不可能"齐步走"，只能让一部分人、一部分地区先富起来，通过先富带动后富，最终实现共同富裕。如果在发展的初期就过分强调公平，只会导致共同贫穷。改革开放以前，实行平均主义"大锅饭"，严重挫伤了广大人民群众的生产积极性，造成了全体人民的普遍贫穷，这就是一个例证。在实现共同富裕的过程中，富裕的步子必然会有快有慢，而且富裕的程度也会有高有低，不可能平均富裕。回顾改革开放前，为了使各地区协调发展，我国基本实行内陆地区重点发展战略，虽然初步改变了旧中国区域经济严重不平衡的格局，促进了中西部地区、边远地区和少数民族地区经济的发展，但没有充分发挥沿海地区资源禀赋较好的优势，从而影响了整个国民经济发展速度和效益。

发展经济学告诉我们：由于不同地域的发展条件各有差异，每个人的条件禀赋各不相同，部分地区、部分人先富起来符合客观规律。当经济发展到一定程度以后，国家可以通过强大的税收等杠杆，通过转移支付等方式，让先富起来的地区、阶层和人群为落后与贫困地区的发展做出贡献。

邓小平关于部分先富到共同富裕的构想，作为党和国家的重要的指导方针，在工作中得到了贯彻，适时调整了区域经济发展战略，不断完善与我国所有制结构和经济体制相适应的分配制度和分配政策，取得了显著成效。在东部地区加快发展的同时，中西部地区也得到了发展。

从现实来看，改革开放以来，全体人民群众的生活水平、全国各个地区的经济发展水平都在不同程度上得到了提高。近些年，国家免除了农业税，大规模大幅度进行农业补贴，积极促进解决"三农"问题；大力实施西部大开发、中部崛起、振兴东北老工业基地等战略，推动中西部地区发展；深入推进东西对口扶贫协作工作、对口援藏援疆工作、对口支援汶川地震灾区和玉树地震灾区工作、精准扶贫工作等，这些都是带动相对落后和困难地区的生动体现。

（2）针对的观点："党和政府在处理社会公平和贫富差距问题上无大的作为。"

党和政府历来重视民众的利益问题，始终把为最大多数人谋利益作为自己一切工作的根本出发点和落脚点。毛泽东同志始终强调要关心人民群众的生活，"要有新的利益给他们"；否则，人民群众就不会跟党走。老一辈革命家陈云认为："搞经济建设的最后目的，是为了改善人民的生活。""人民群众要看共产党对他们到底关心不关心，有没有办法解决生活问题，这是政治问题。""如果我们不能解决人民的吃饭穿衣问题，我们的社会主义建设事业便站不稳，必然要回头补课。"邓小平说："社会主义不是少数人富起来、大多数人穷，不是那个样子。"

共同富裕是社会主义的本质要求。党领导人民不懈奋斗，最终就是为了实现全国人民共同富裕。改革开放初期，在经济发展水平较低的情况下，我国面临的主要问题是如何把"蛋糕"做大，因此提出了"效率优先、兼顾公平"的原则。进入21世纪以来，在经济发展到一定水平之后，党和政府适时调整发展思路，提出了科学发展、和谐发展的执政理念，围绕"发展为了人民、发展依靠人民、发展成果由人民共享"的要求，更加注重社会公平，更加注重区域协调发展，下更大力气解决就业、教育、医疗、住房等民生问题，实施了一系列促进欠发达地区发展、帮助低收入人群改善生活的惠民政策。

世界各国的经验告诉我们，真正实现全社会共同富裕，需要一个很长的发展过程。在这个过程中，执政党和政府的政策很重要，先富地区、人群的带动和帮助很重要，后富群体的自强奋斗也很重要。中华民族有着扶贫济困的优良传统，社会主义国家具有调整社会分配的制度优势，我们相信，通过党的执政智慧和全国人民的共同努力，"人民共享改革开放成果、共享公平正义光辉"的目标一定会实现。

（3）针对的观点："中国社会很不公平。"

我国历史上，封建专制时期是地主阶级作威作福的年代，军阀混战时期是弱肉强食的年代；直到中华人民共和国的诞生和社会主义制度在中国建立，广大劳动人民当家作主，中国社会才拥有了最基本的社会公平。但在计划经济年代，由于体制上的制约，仍然存在强大的行政管制以及城乡壁垒、身份传袭等不少社会公平方面的问题。

改革开放打破了旧的体制，极大地解放了社会生产力，也极大地解放了中国人民。随着社会主义市场经济体制的建立和社会主义制度的不断完善，中国社会机会均等、平等竞争的制度和文化得以确立，中国公民的自主意识、权利意识、法治意识大大增强。今天，每个人都可以自主选择自己的人生方向，选择自己的职业，都有机会实现自己的人生梦想。国家还通过城乡最低生活保障、新型农村合作医疗、农民养老金等一系列制度，保障社会弱势群体的基本权益。

当然，不可否认，在发展初期的市场竞争中，一部分有知识、有资本、有经验、有技能的人,获得了比没有这些方面资源的人们更多的财富,这也是自然的、合理的,这种不平均与不公平不完全是一回事。对于社会上一些通过非法手段获利所造成的不公平,党和政府正在通过法制的轨道予以解决。

第二节　学校青年学生思想引导工作路径和载体

成都航空职业技术学院在前期普遍调查、深入分析的基础上,把大学生思想关键点作为工作路径的选择和工作载体及平台建设的标靶。根据当前我校学生的思想特点及沟通、交流、联络、聚集的方式和我校的实际情况,围绕大学生发展五个层级的目标,尤其是围绕引导大学生坚定跟党走中国特色社会主义道路的理想信念这一最高目标,展开了具体的思想引导工作的实践和设计。

一、当面启发

路径释义:由党政领导、团干部、专家学者或邀请的其他嘉宾,采取"一对一""一对多"或"多对多"的形式,与大学生进行当面沟通,启发大学生形成正确的思想认识。内容可以是向大学生传输某种政治、理论观点,解读某条政策;或引导大学生正确看待某个社会问题,辨析某种社会思潮;或解决大学生思想中存在的特定问题等。

面对面交流具有话题针对性强、信息沟通充分、互动探讨深入的特点,同时能发挥情感、信任和友谊等因素在引导工作中的积极作用。要通过个别谈心、党课团课、理论讲座、班组学习讨论、骨干训练营、社团交流活动等多种形式,让大学生在面对面的思想沟通和交流中,解除对一些重大理论和现实问题的具体思想困惑。

【工作案例 1】
职业生涯规划系列讲座

名　　称:职业生涯规划系列讲座

时　　间：2010 年 9 月至今
主办单位：成都航院航空工程学院团总支
群体类别：青年大学生
引导路径：面对面交流

1．基本创意

职业生涯规划作为大学生踏入社会的一个重要事项，没有得到大部分学生的重视。正因如此，许多学生才在以后的面试中屡屡碰壁。高职院校的学生在这一方面尤其薄弱，为了使大家明白职业生涯规划的重要性，我们航空工程学院有针对性地对三个年级举办了职业生涯规划讲座，并要求在讲座后，以组为单位完成 PPT 职业生涯规划展示。这样做的目的在于：使学生发现自己的长处和爱好；培养团队合作意识；确定未来几年的发展方向，对自己的未来有一个全方位的规划和把握，为以后的面试和工作增加筹码。

2．主要内容和运作模式

活动紧紧围绕"规划职业生涯，成就完美未来"的主题，以班级为单位展开职业生涯规划展示，充分调动了同学的积极性，对同学们职业定位、工作面试给予悉心指导。

宣传工作：宣传采用三点一线式宣传，先由学院统一下发关于职业生涯规划讲座的准备工作和要求，再由学院团总支学生会向各班做宣传，最后各班再在班级内部进行宣传，确保宣传到位，准备充分，开展有序。

活动开展：由学院团总支学生会协助老师，联系各班，安排讲座。讲座由学院院长主讲，通过播放媒体、调查问卷、现场提问等方式循序渐进，向同学们阐释职业生涯规划的重要性，并逐步引导同学为自我进行规划，为未来做好准备。

3．开展成效

职业生涯规划讲座取得很大的成效，获得了学院广大师生的一致好评。很多同学表示，在听完讲座后，对自己的未来多了一份期待，对专业行情多了一些了解，并希望可以经常举办类似的讲座。小组展示环节充分体现了团队合作的重要性，体现出组长的组织能力和团队成员的执行力，为培养良好的机务人员素质打下了基础。

【工作案例2】
"未来英才"干部培训营

名　　称："未来英才"干部培训营

时　　间：2011年至今

主办单位：成都航院汽车工程学院团总支

群体类别：青年学生干部

引导路径：面对面交流

1. 基本创意

为了提高大一新生干部的学习和工作积极性，培养大家的责任意识、团队意识和合作意识，使他们获取更多层面的知识，提高学生干部的整体素质，从而以后更好地为大家服务，为社会多做贡献，增强团队成员沟通及协作能力，拓展思维、增强互信，学院组织开展"未来英才"干部培训营。干部培训营的特点有：①培养同学们的团队协作能力；②活动新颖、创新；③体现专业特色，强调动手能力，注重实践。

2. 主要内容和运作模式

举办系列讲座：邀请专业老师及一些榜样学长学姐讲述自己的亲身感受，开展专题演讲，谈理想绘蓝图。

举办主题PPT大赛：活动期间，先讲解PPT制作的过程，之后每个参赛的选手分组进行主题创作并进行PPT展示，阐明自己对主题活动的看法及认识。

开展竞赛活动：组织广大的学生干部积极参与一系列征文、辩论、团队拓展、知识竞赛等活动，通过参与活动，深入思考自己的不足之处，激励学生干部在今后学习和生活中不断提升自己。

进行成果展示及颁奖：由老师对整个干部培训营进行总结，邀请学生代表发言，最后统一颁发证书及奖励。

3. 开展成效

"未来英才"干部培训营活动的开展，让同学们更深刻地认识到作为一个学生干部应具备的素质与条件；在今后的工作过程中，严格要求，学会做人、学会做事；同时通过各种途径学习来充实自己、提高自己，做到学习上有进步，能力上有提高，群众中有威信。

【工作案例3】

领袖成长训练营

名　　称：领袖成长训练营

时　　间：2010年10—11月（第一期）；2012年10月（第二期）

主办单位：成都航院信息工程学院团总支

群体类别：青年大学生

引导路径：面对面交流

1．基本创意

不想当将军的士兵不是好士兵。领袖成就非凡未来，今天的点滴积累将会对未来有深远的影响。领袖成长训练营为给同学们在成长过程中发现自我、提升自我提供平台。同时，努力实现学生干部成长增速，缩短学生干部的成长周期。

2．主要内容和运作模式

活动分"开营式"、"领袖成就非凡未来"讲座、"激情燃烧的岁月——与前辈校友座谈"、"创意与实施——活动的策划与组织"互动讲座、"个性与自我"个性测试与"时间管理"讲座、"自我营销——口才与策略"互动讲座、"拓展和团队活动"及"结业礼"八个部分。通过专题讲座、互动交流、提交作业、参与实践等方式，营造一个开放、参与式的学习环境，透过这些环节，挖掘同学们的领袖才能。通过让同学们组织、策划和参与活动，观察参与领袖成长训练营的每一位同学的才能和潜能，通过问卷、讲座、游戏等引导同学们积极进取、追求卓越。

3．开展成效

领袖成长训练营活动的开展给同学们在成长过程中发现自我、提升自我提供了一个平台，完成了学生干部的培养增速计划，加强了学生干部"三自"能力，努力实现了学生干部成长增速，缩短了学生干部的成长周期。

【工作案例4】

十九大精神宣传学习系列活动

名　　称：十九大精神宣传学习系列活动

时　　间：2018年1—3月

主办单位：成都航院信息工程学院团总支新媒体
群体类别：青年大学生
引导途径：线上宣传

1．基本创意

为了响应党的号召，进一步贯彻学习党的十九大和习近平总书记对当代青年的一系列重要讲话精神，促进大学生对党的十九大精神的理解，学院组织开展十九大精神宣传学习系列活动。

2．主要内容和运作模式

信息工程学院官方微信和微博将不定期推送有关学习十九大精神的文章，学生留言评论自己所得及感悟。

通过微信、微博线上平台的宣传，让同学们了解到此活动。对于每期活动，学生都须参与学习、分享所得和感悟，每期文章推送学习后将实时统计学习人员名单，最终统计出每期都积极参与学习的人员名单，并给予奖励。

3．开展成效

通过10期系列活动学习，带动了学生关注十九大、学习十九大的积极性。本次活动总覆盖人数130余人，总评论量达到924条。本次活动的开展有助于同学们相互促进，共同学习十九大。

【工作案例5】

"海龟"交流会

名　　称："海龟"交流会
时　　间：2018年1月
主办单位：成都航院机电工程学院团总支
群体类别：2016级、2017级学生
引导路径：面对面交流

1．基本创意

2017级新生经过半年的磨炼，已经基本上适应了原本陌生的大学生活，但是大多数同学对自己的大学生活还没有明确的认识、规划和打算。在迈向美好未来的这一步中，或多或少都会遇到一些难题，使他们感到些许困惑和迷茫。因此，我们举办"海龟"交流生与新生交流会，邀请曾出国交流的大二优秀学子与大一同学进行交流。这些曾出国交流的学生所分享的经历与生活经验开阔了同学们的眼界，为出国留学或做交换生有兴趣的同学提供了一些值得参考的信息。

2．主要内容和运作模式

留学生分享留学经历：马来西亚（3名）、韩国（1名）、英国（1名）。每人分享3~5分钟（从学习、生活、文化三个方面来讲述，可着重讲述自己感兴趣的某一方面，最好附带PPT）。

自由提问环节（2016级、2017级学生可就自己感兴趣或存在疑问的地方进行提问，由分享的同学为大家一一解答）。

游戏环节：识图游戏（由主持人随机选择举手的同学来回答PPT上关于各个国家学习、生活、文化的问题，答对的同学有小礼品相赠）。

嘉宾上台致辞。

3．开展成效

交流会在愉快的氛围下展开。大家与出国交流学生谈论的话题内容涉及校园生活、学业规划、语言学习、个人兴趣等各个方面。在交流会中，我们不仅锻炼了交际能力，而且开阔了视野、了解了他国文化、收获了友谊。交流会取得了成效，也获得了学院广大师生的一致好评。很多同学表示，在参加了交流会后，对自己的未来多了一份期待。

【工作案例6】

"民航之心"骨干培训

名　　称："民航之心"骨干培训

时　　间：2018年5—6月（第五届）

主办单位：成都航院民航运输学院团总支学生会

群体类别：青年学生干部

引导路径：面对面交流

1．基本创意

为深入贯彻落实党的十九大精神和关于中国梦的一系列论述，全面加强学生干部的综合素质，提高组织策划、协调、沟通、学习等能力，进一步促进部门与部门、班级与班级之间的沟通与交流，打造一支团结性强、组织力强、学习能力强、素质硬且具有民航特色的学生干部队伍，我们组织了"民航之心"骨干培训。通过理论的学习与实践的应用，让学生干部明确自身的责任。培训主要以理论讲授和实践认知相结合的方式进行，将所有学员分为若干个小组，以竞争的方式提高学员的积极性，开展各项活动，在活动中去发现学员的不足，充分提高学员全方位的能力。

2．主要内容和运作模式

举办系列讲座：邀请专业老师及一些榜样学长学姐给同学们分享经历、传授经验。

组织开展主题班会：班会前期，各小组培训学员做策划，确定主题、开展班级、场地以及小组内成员的分工。每个小组成员在主题班会中充当一定的角色，考核组对班会整体效果、成员表现、观众互动进行打分。在整个班会的准备、开展、收尾阶段，学生干部们充分发挥自己的优势去参与、组织并从中学习提高，深刻领会团队合作精神。

民航代言人现场录制：策划组会给出几个角色人物，随机抽签，选定人物角色，小组自行收集相关资料为现场录制环节做好充分准备。现场采用问答模式，一人在台上作答，其他小组成员或小组剩余人员针对人物进行提问，发言人进行回答，该小组成员可作补充回答。所有角色人物与专业息息相关，通过发言人与记者的问答方式，深入了解设定人物，应对各种问题挑战，锻炼语言表达能力和应变能力。

读书交流会：在骨干培训开班仪式上发布需要阅读的书籍，学生干部利用空闲时间阅读书籍，在结业典礼之前，针对书籍做分享交流，采用随机抽签的方式，每位同学分享读书感想。培养学生干部们读书的好习惯，学会从书中获取知识，让优秀成为一种习惯。

进行培训总结及颁奖：各小组组长上台做 PPT 演示，针对整个培训的收获与不足做培训总结。邀请老师、学生干部代表发言。最后统一颁发结业证书及优秀小组、优秀学员奖状，合影留念。

3．开展成效

"民航之心"骨干培训活动的开展，让同学们更深刻地认识到作为一个学生干部应具备的素质与条件；提升了他们对自我的认知，学会从活动中总结经验教训，从团队中取长补短；在今后的工作过程中，严于律己，学会做人、做事，不忘初心。

【工作案例 7】

成都航院"我看你有戏"活动

名　　称：成都航院"我看你有戏"活动

时　　间：2018 年 6 月 4 日

主办单位：成都航院管理学院团总支学生会心理部

群体类别：青年大学生

引导路径：面对面交流

1．基本创意

当代大学生的心理健康问题越来越受到关注。良好、健康的心理对大学生的生活、学习有着至关重要的作用，但是，当代大学生却还没有深刻意识到关注自己的心理问题、形成良好健康的心理状态是多么的必要。为了使成都航院的学生们能够在日常生活和学习中意识到并能解决自己的心理健康问题，由我们管理学院主办和各学院共同承办的"我看你有戏"活动，通过舞台表演的形式让同学们关注自己的心理问题，在舞台上用表演展现自己的青春与活力，释放自己的内心情感，从而在潜移默化中让同学们拥有积极乐观、阳光健康的心理状态。

2．主要内容和运作模式

"我看你有戏"活动通过表演的形式，缓解了同学们学习、生活上的压力。在我们身边有一批热心于表演且富有表演能力的同学，他们迫切需要一个舞台来展现自己的才华、释放自己的情感，而我们这个活动为他们提供了一个绚丽多彩的大舞台。

宣传工作：以线上线下相结合的宣传方式进行宣传。活动前期，在周一至周五的时间里，通过在学校生活广场搭帐篷、拉横幅摆摊进行全校范围内的线下宣传和活动报名。再通过 QQ 平台推广活动宣传说说，并建立活动官方 QQ 群进行活动报名和宣传工作。在微信、微博平台推出活动宣传语、活动海报、活动宣传照进行线上宣传。

活动开展：活动包括活动报名、初赛、复赛、决赛几个环节。报名结束后由各二级学院心理部及校学生会心理部对参加活动的演员进行登记和分组，初赛以演绎同一表演类别进行比拼，淘汰一部分人之后，进入复赛，再通过复赛的选拔，最终进入决赛。从排练到最终上台表演比拼，同学们可以得到锻炼，丰富自己的生活，让自己的情感通过表演比拼的形式释放出来，从而更好地投入到以后的学习、生活中，逐渐养成积极健康的心理状态。

3．开展成效

学校"我看你有戏"活动取得了较大的成效和影响，获得了全校广大师生的赞扬。许多观众观看之后，觉得舞台上的演员们十分认真、卖力，演员的感染力强，观众的欢呼声此起彼伏。活动之后，对参加的演员们进行采访时，他们也表示参加此类活动让他们获得了许多锻炼和成长，让他们对表演更加热爱，对生活中的挑战也更加无畏。并且，此活动还促进了学校与各二级学院心理部及校心理部之间的密切沟通和交流，让他们彼此之间有了更多的认识和合作，为以后开展各项活动做下铺垫，也为学校与各二级学院团总支学生会搭建了一座美好的桥梁。

【工作案例 8】

"明日建功"卓越领导力培训班

名　　　称："明日建功"卓越领导力培训班

时　　　间：2016 年至今

主办单位：成都航院建筑工程学院团总支

群体类别：全院学生干部

引导路径：面对面交流

1．基本创意

建工在明日，明日必建功。作为学生干部，有责任、有义务为丰富院内学生的大学生活和提升工作能力做出努力。此次特邀多位老师悉心传授知识，使大家对工作有正确认识，提高工作积极性，培养团结意识和团结精神，打造一个互相交流、互相学习的平台；同时使学生干部队伍团结、互助、友爱、进取地工作。在此次培训中，积极调动各学生干部的情绪，帮助学生干部认清自己的角色与肩上的责任，更好地展现其人格魅力与价值。此次培训针对干事们之间的构建与协作，团学会干事如何更好地处理工作事务，以及如何进行老师与同学间的沟通等问题一一做出解答，能让学生干部们在工作中更加得心应手，培养同学们对学院的归属感和认同感。同学与同学之间的互动，老师与学生之间的互动，让整个培训过程严肃中带有轻松愉快的气氛，让干事们懂得如何更好地处理学习与工作、学生与学生、学生与老师的关系。

2．主要内容和运作模式

本次培训共三次，历时三周。主要从领导力、办公行政能力、沟通协调能力、组织管理能力方面着手培训，每次邀请不同的老师教授相关知识、分享工作经验、交流学习心得。通过专题讲座、互动交流、提交作业、参与实践等方面，营造一个开放、参与式的学习环境，透过这些环节，挖掘同学们的领袖才能。通过让同学们组织、策划和参与活动，观察参与活动的每一位同学的才能和潜力；通过问卷、讲座、游戏等引导同学们积极进取、追求进步。

3．开展成效

"明日建功"卓越领导力培训的开展给学生干部在成长过程中提供了一个发现自我、提升自我的平台；完成了学生干部的培养增速计划，加强了学生干部在"谈、团、行、做、尊"方面的能力，缩短了学生干部的成长周期，为后备学生干部队伍注入鲜活的血液。

【工作案例9】

真人图书馆

名　　称：真人图书馆

时　　间：2015年4月至今

主办单位：成都航院建筑工程学院团总支学生会

群体类别：青年学生

引导路径：面对面交流

1．基本创意

我们如何才能让自己的大学生涯有人生的第一次蜕变？真人图书馆活动创意初衷就是要面对面给大学生同学解疑答惑。通过邀请有独特人生经历与丰富经验的嘉宾作为"真人书"，供同学们"阅读"。让同学们与嘉宾面对面交流，零距离接触，更真切地分享嘉宾的宝贵经历。真人图书馆旨在为嘉宾和"读者"建立一种有效的沟通和理解关系，打破以往单纯的说教，使更多的人获得启发。

2．主要内容和运作模式

举办系列讲座：邀请有代表性的专业老师及一些榜样校友讲述自己的亲身感受，开展专题讲演。

活动具体流程为：主持人介绍活动意义、活动目的、"图书馆"历程，然后宣布活动正式开始；邀请嘉宾入座，隆重介绍本次活动嘉宾；请嘉宾自我介绍，分享自我经历；自由沟通环节，在此环节，读者可以自由提问，"真人图书"与大家交流互动；嘉宾与"真人图书"合影留念；同学们在卡片上留下对此次活动的感想和建议。

3．开展成效

搭建此交流平台，使学生们聆听"真人图书"，感悟多样人生，明确大学奋斗目标。供人阅读的"真人图书"传播知识、分享经验，使更多学生了解不一样的人生，扩宽视野，养成多阅读的习惯，培养良好的沟通能力和感知能力，进一步提升学校的文化气氛。

【工作案例10】
成航团校培训暨新生干部培训

名　　称：成航团校培训暨新生干部培训班

时　　间：每年10月

主办单位：成都航空职业技术学院团委

群体类别：青年大学生

引导途径：面对面交流

1．基本创意

为了进一步增强我校各级团组织的战斗力和凝聚力，为我校要求进步的青年提供一个学习的平台，更好地提高我校共青团员的思想道德素质，同时提高我校新生干部的素质和工作能力，使班、团的工作更加科学化、系统化、规范化，团委举办成航团校培训暨新生干部培训。

2．主要内容和运作模式

有针对性地对各班非团员、校级、院级、班级新生干事进行为期一周的专题讲座，分别讲授时事政治热点、团学组织结构与支部建设、如何当好优秀的班团干部、中华传统文化解读、网络新媒体建设与舆情应对、新时代大学生能力提升与管理艺术、社交礼仪等知识，培训完毕将统一参加结业考试，成绩合格者予以颁发结业证书（此证将作为青年入团的考核条件或担任学生干部的重要凭证）。

3．开展成效

团校培训暨新生干部培训的开展给同学们在成长过程中发现自我、提升自我提供了一个平台，提高了学生干部自我管理、自我服务的能力。

【工作案例11】

奇闻怪谈

名　　　称：奇闻怪谈

时　　　间：2017年5月至今

主办单位：成都航院通用航空学院团总支

群体类别：青年大学生

引导途径：面对面交流

1．基本创意

为丰富大学生的课余生活，培养个人兴趣，全面提升科学文化素养，寻找志同道合的朋友、同学，通用航空学院团总支在调查学生平日关注、日常兴趣、个人特长的基础上，开展系列主题分享会，引导学生关注专业学习、个人兴趣以外的科学文化。

2．主要内容和运作模式

引起集体关注——主题拟定：在广泛征集学生意见的基础上，发布大家关注的话题，由所有学生投票决定下期讨论话题。

提供学生平台——带领人征集：在拟定的科学主题的基础上，征集有兴趣、有知识基础的同学自愿担任带领人，提前准备主题相关的话题、视频、策划互动环节。

增强学习兴趣——现场互动：现场由带领人引入主题，分享主题相关的故事、视频、实验等，引导现场同学进行讨论和分享，同时邀请专业相关或者有兴趣的老师参与其中进行引导。在此过程中发现学生不同于日常的一面，也能帮助大家找到志同道合之人。

3．开展成效

奇闻怪谈之UFO、时空之旅、动漫等系列活动的举办得到师生的一致好评，拓宽了师生的视野，为学生提供了锻炼平台，也加强了师生之间的联系，引导学生关注周围、关注社会、关注科学，增加大学多元性和学习的丰富性。

【工作案例12】

兴趣拓展组

名　　称：兴趣拓展组

时　　间：2017年11月至今

主办单位：成都航院通用航空学院团总支

群体类别：青年大学生

引导途径：面对面交流

1. 基本创意

为全面提升学生素养，培养学生课余兴趣，改善早自习乏味、单一的模式，通用航空学院团总支在广泛征集学生意见的基础上，利用早自习时间提升学生的学习积极性，同时以"学生带学生"的方式实现学生的"自我管理、自我服务、自我发展"。

2. 主要内容和运作模式

学院于每周二、周四早自习时间开设兴趣小组，包括篮球、跆拳道、舞蹈等文体组，航模、无人机等专业组，主持人、朗诵、党课等思想引领组，学生自由选择1~2个兴趣小组进行学习，由小组组长提前发布当日学习内容和任务，小组成员提前做好预习和材料准备，用早自习时间进行讨论、学习，在期末各小组进行汇报表演或者展示评比。

3. 开展成效

兴趣拓展组丰富多彩兴趣活动的开展，极大改善了早自习的方式和内容，让同学们利用部分时间发展和培养兴趣。全院自由选择小组，帮助学生拓宽人际交往范围，同时小组组长在活动过程中也提升了策划、组织和专业能力。

【工作案例13】

士官管理学院团总支学生会全体干事培训

名　　称：士官管理学院团总支学生会全体干事培训

时　　间：2016 年 11 月 20 日
主办单位：成都航院士官管理学院团总支办公室
群体类别：团总支学生会干事
引导路径：面对面交流

1．基本创意

团总支、学生会是学院活动开展的主要载体，学生干部的能力与素质对活动质量有着重要影响。针对大一新生团学干事开展全体干事技能培训讲座，并要求在每次讲座后，每一个小组以组为单位完成 PPT 展示，这样做的目的在于：使学生发现自己的长处和爱好；培养团队合作意识；锻炼工作能力，提高工作效率，在较短时间内提升学生干部能力。同时，学院结合团学干部培养，开展培养痕迹管理，实施全时域管理。

2．主要内容和运作模式

团总支、学生会成立项目制，打破各部门之间各自为政的传统模式，面向全院募集项目负责人。同时，为了更好地配合老师进行授课，同时让学生干部有更好的听课效果，课前将相关任务按部门进行了分配（如表 10 所示），相应部门应及时按照任务要求完成课前任务。（注：各部门各干事应按照任务分配表内容写一份电子档文书，并交由办公室进行汇总，文件以附件格式提交，注意命名为"xx 部门-yy"，如"办公室-沈潇"。本次课前任务将纳入团学会干事个人考评。）

表 10

部门	任务
组织部	活动场地申请书
宣传部	新闻稿
社会实践部	倡议书（献血、诚信应考之类）
学习部	证书、奖状（歌手大赛、主持人大赛等）
纪检部	考核
体育部	任命书（中队、区队）
文艺部	邀请函（手工、电子档）
心理部	借条
办公室	会议通知

3．开展成效

全体干事培训活动的开展让团学会干事更深刻地认识到作为一个学生干部应具备的素质与条件；在今后工作过程中严于律己，同时通过各种学习途径充实自己、提高自己，做到学习上有进步、能力上有提高。

【工作案例 14】

士官生第二课堂"军事科目"培训

名　　称：士官生第二课堂"军事科目"培训

时　　间：2018 年至今

主办单位：成都航院士官管理学院

群体类别：全体士官生

引导路径：面对面交流

1．基本创意

成立仪仗队、匕首操训练班、搏击基础培训班、拳术训练班。为充分展示我院士官生"有灵魂、有本事、有血性、有品德"的新一代革命军人形象，培养队列训练骨干，从我院空军、海军、武警士官生中各选拔部分优秀士官生，组建"成都航院士官管理学院士官生仪仗队"。通过训练，主要承担"迎外表演、队列示范、骨干培养、地方军训"等任务。

2．主要内容和运作模式

（1）各科目授课时间（见表 11）。

表 11

序号	训练班	授课时间	备注
1	士官生仪仗队	周1、3、5早训；周2下午7~8节；周4晚9~10节	
2	搏击基础训练班	周2、4早训；周2、4下午7~8节	
3	匕首操训练班	周2、4早训；周2下午7~8节；周4晚9~10节	
4	拳术训练班（军体拳）		限海军、空军
5	拳术训练班（擒敌拳）		限武警

（2）文化素质学分。

士官生参加第二课堂"军事科目"培训，经考核合格，都将获得规定

的院级文化素质学分。为激励广大士官生踊跃报名参加"士官生仪仗队",学院特别规定:

① 士官生仪仗队为一等(最高档)文化素质学分,并优先推荐成为军训教官,担任暑期对外和士官新生军训任务。其他科目为二等文化素质学分。

② 仪仗队正式队员及其他科目担任表演的队员完成年度训练任务及规定勤务任务将获得一定的综测加分。

③ 在年度评选中获得"课目训练优秀队员"的同学将受到学院荣誉表彰,并根据有关规定获得一定的综测加分。

3. 开展成效

培训的开展充分展示了士官管理学院士官生"有灵魂、有本事、有血性、有品德"的新一代革命军人形象,多次圆满地完成了"迎外表演、队列示范、骨干培养"等任务。

二、媒体传导

路径释义:根据大学生与外界联络、接收外界信息的需求,利用校园传统媒体或网络、手机等新媒体的渠道和阵地,向大学生传输积极信息和先进思想,开展弘扬主旋律的媒体活动,在大学校园中营造积极向上的信息氛围和媒体环境。校园报刊、广播、电视等校园传统媒体,伴随大学生活的全过程,其内容以讲述大学生身边的人和事为主,对大学生具有很强的亲和力。要注重发挥这些校园传统媒体对大学生思想意识的点滴渗透作用,通过开辟专刊专栏、开展校园人物访谈、制作播出专题节目等形式,用大学生的语言解释宣传党的理论,用大学校园中的真实故事和生动素材诠释、弘扬主流价值观。

【工作案例 15】

成都航院缤纷校园广播

名　　称:成都航院校园广播站

时　　间:1998 年 9 月至今

主办单位:成都航空职业技术学院团委

群体类别:青年大学生

引导路径：校园传统媒体传播

1．基本创意

校园广播是大学校园文化的重要内容载体之一，同时也是做好思想政治教育工作的重要渠道。校园广播站的日常广播能让同学们及时了解国内外时事新闻、文化艺术、健康小常识、就业等方面的信息，从而更好地丰富大学生的课余生活，促进校园文化建设。同时，充分利用广播特点和优势，发挥其思想引导功能，对于做好大学生思想政治教育工作有着重要的意义。

2．主要内容和运作模式

本着开阔学生视野、促进校园文化建设、开展思想政治教育的目的，由校团委宣传部播音组进行日常播音工作。针对同学们所关心的各种热点问题，校团委宣传编辑组分别设立新闻天地、健康快车、旅游指南、文学天空、心灵驿站、娱乐情报站等几个栏目，丰富的内容能够拓宽当代大学生的视野。同时，广播站开设了点歌台、校园美文鉴赏和校园之星面对面等互动性强的栏目，增加了同学们的参与互动性，扩大了广播站的影响力。

校团委宣传部编辑组收集国内外实时信息，并且整理、备份，然后在每周周末将播音稿交给播音组干事，播音组干事在第二周进行播音。这样，全校的学生都能及时了解社会各方面的信息。

3．开展成效

广播站充分发挥了校园文化宣传阵地作用，丰富了学生的课余生活，开拓了学生的视野，促进了校园文化建设。让大学生在进入社会前充分地了解到当今社会的信息，多维度为学生提供信息交流平台，让学生每天在闲暇时刻，更多、更便捷地了解到各种信息。同时，广播站为同学们搭建了一个表达心声的平台，更多地展现成都航院学生自己的风采。同学们表示，校园广播站是一个生动的文化建设项目，比起枯燥单一的书本文字学习，更加能让学生收获知识与有效信息。

【工作案例16】

"青春成航"微信公众号建设

名　　称："青春成航"微信公众号

时　　间：2016年5月至今

主办单位：成都航空职业技术学院团委
群体类别：青年大学生
引导路径：校园新媒体传播

1．基本创意

校园新媒体是大学校园文化的重要展示平台，同时也是做好大学生思想文化教育工作的重要渠道。"青春成航"微信公众号的日常推送涵盖校内外时事新闻、党团专题内容、就业指导、科普知识、电影音乐推荐、经典文章诵读、周边景点介绍。在让广大同学掌握校园新鲜事、汲取知识的同时向同学们传输积极信息和先进思想，在大学校园中营造积极向上的信息氛围和媒体环境。

2．主要内容和运作模式

"青春成航"微信公众号以传递正能量、建设校园文化、为学生传递党团动向为目的，由校团委新媒体中心进行日常运营和维护。针对校内外学生活动与党团最新动向进行宣传报道，由校团委新媒体中心办公室联系各二级学院，收集最新活动消息，再由采编部人员于活动时间到现场进行素材采集，新闻稿撰写完成后交由技术部制作成推文在 24 小时内于"青春成航"微信公众号发布，技术部定时登录"青春成航"后台查看留言并予以回复。根据事件影响力设立分级宣传制度，以保证最重要的消息最先报道，不错过任何重要讯息，让全校师生都能及时了解校内最新动态。响应党的号召，紧跟党的步伐，定期发布党团类相关内容，让学生感受到党的关怀，积极响应党组织校园文化建设。设置与学生生活息息相关的期刊式原创推文，包括就业指导、科普知识、电影音乐推荐、经典文章诵读、周边景点介绍等，意在拉近与学生之间的距离，帮助学生树立正确"三观"。

3．开展成效

"青春成航"微信公众号的创建增加了我校团委的宣传阵地，拓展了团引领青年学生思想的路径。仅 2018 年上半年，"青春成航"累计阅读量达 100 206 次，累计浏览人次达 25 080 人次。所推送的校内外时事新闻、党团专题内容引起同学们的大量关注和转发，期刊式原创推文得到广泛好评。通过先深入学生、再引领学生的方式，发挥出新媒体在传播社会主流文化、核心价值观和社会正能量方面的作用。

【工作案例 17】
"共青团成都航院委员会"网站建设

名　　称：学校共青团网站建设

时　　间：2010年9月至今

主办单位：成都航空职业技术学院团委

群体类别：青年大学生

引导路径：校园新媒体传播

1. 基本创意

"共青团成都航院委员会"网站共设九大板块，对团内通知文件、公示信息、团内动态、校园文化建设等进行展示。使广大师生能够及时了解各级团组织的工作安排和通知、我校各级团组织动态，引领广大师生共同参与校园文化建设，宣传党的理论，提高青年学生党团意识，弘扬主流价值观。

2. 主要内容和运作模式

团委网站信息发布注重准确性与及时性，由校团委新媒体中心运营部负责网站的日常运营和维护。网站设有"团内文件""信息公告""团情快讯""支部动态""团务知识""下载中心""成航青年""大事记""活动获奖"九大板块，其中"支部动态"为各二级学院团总支动态，各二级学院团总支将活动通讯稿提交至校团委新媒体中心运营部，再由运营部审核发布。运营部将校团委及上级团组织下发的文件按类型发布到相应板块，老师和同学们可进入团委网站进行阅览和下载。

3. 开展成效

团委网站有效地解决了上级团组织和各二级学院团总支、团支部之间信息传递不及时的问题，为广大师生提供了一个获取团内通知、团内公示等信息的便捷途径；搭建起了展示我校各级团组织风采的平台，使老师和同学们能够更好地了解校园动态、感受青年学子风貌，从而引领广大师生共同参与校园文化建设，对提高青年学生的思想政治素质、引导学生坚定理想信念起到了至关重要的作用。

【工作案例 18】
民航运输学院最美制服照

名　　称：民航运输学院最美制服照活动

时　　间：2018 年 3 月 20—25 日

主办单位：成都航院民航运输学院团总支学生会

群体类别：民航运输学院学生

引导路径：校园新媒体传播

1．基本创意

制服是我们民航运输学院的一个重要展示部分，是展现我们民航运输学院学子们气质的重要方式。开展最美制服照的活动也是给民航运输学院的同学们一个展示自己的平台，展现民航运输学院学子们的风采。最美制服照能让同学们了解到制服的重要性，从而让同学们对自己的仪容仪表有更高的要求，促进建设美丽新校园的文化建设。充分利用最美制服照这个活动的积极意义，发挥其思想引导功能。

2．主要内容和运作模式

本着展现民航学子的气质风貌、促进建设美丽新校园的文化建设、开展主动遵守仪容仪表规定的思想建设的目的，由民航运输学院团总支学生会宣传部进行最美制服照收集信息和投票的活动安排。针对想要参与本次活动的学生们的投稿照片和想要参与投票的同学们，民航运输学院团总支学生会宣传部分微信投票、微博投稿两个平台来进行。为了增强本次活动的趣味性和积极性，投稿的照片可以适当地美化，以增加美感。活动还增添了"最佳创意照"和"最佳人气照"的评奖，增加了同学们参与活动的互动性，扩大了这次活动的影响力。

3．开展成效

民航运输学院团总支学生会宣传部将部门各个干事分工合作：收集稿件和相关内容整理、备份，然后交给负责宣传的干事，编辑成微信在民航学院官方微信公众号推送出来，吸引大家参与投票；最后统计票数，进行排名以及"最佳创意照""最佳人气照"的评选。该活动开展成效明显，阅读量达到 14 221、投票超过 20 000，既丰富了同学们的课余生活，充分宣传了民航运输学院的文化，让同学们不仅仅学习书本上的仪容、仪表知识，也让其他学院的学生了解了我们民航运输学院的精神风貌。

三、实践感悟

路径释义：根据大学生主要生活在"象牙塔"中的特点，创造条件让大学生走出校园、走向社会，让他们把理论和实践相结合，在亲身参与和体验中巩固和深化正确的思想认识。

社会实践体验：实践是思想认识的源泉和归宿。要围绕强化大学生正面认识或帮助大学生澄清具体思想疑惑的要求，有针对性地设计开展参观走访、社会调查、志愿服务、"三下乡"等实践活动，引导大学生深入了解国情世情民情，感受党的执政成就，增强对党的基本理论、基本路线、基本纲领、基本经验的理性认同。

【工作案例 19】

爱心绽放

名　　　称："爱心绽放"——关爱空巢老人志愿服务行动

时　　　间：2010 年至今

主办单位：成都航院建筑工程学院、管理学院、汽车工程学院、民航运输学院团总支

群体类别：青年大学生

引导途径：社会实践体验

1. 基本创意

青年志愿者活动是倡导团结友爱、助人为乐、见义勇为的社会活动，是一项十分高尚的事业。它体现了中华民族助人为乐、扶贫济困的传统美德。努力做好这项事业，有利于社会树立奉献、友爱、互助、进步的时代新风范，这是当代大学生的行动指南，是当代青年志愿者肩负的使命。

尊老爱幼是中华民族的传统美德，关爱老年人健康生活成为建设和谐社会的一个重要问题。通过此类活动让老年人感受社会的温暖和下一代的敬老美德，同时让更多的同学接受德育教育，培养和提高大学生的社会实践能力和社会公德意识，发展成为一个高素质、爱奉献的社会人。

2. 主要内容和运作模式

爱心绽放活动主要是以志愿服务为载体，通过看望、慰问敬老院老人及社区老人的形式奉上爱心。具体服务内容有：①给老人带去日常用品及

食品，科普饮食健康常识，陪老人一起到周边散心，倾听老人们的故事，陪他们聊天、下棋；②打扫卫生，为老人晒被褥、洗衣、清理院子中的杂草、缝补衣物，为老人梳洗头发、修剪指甲等；③为老人们表演精心准备的节目，如唱歌、跳舞、小品，同时和老人开展互动节目，如合唱、猜歌名、游戏等；④亲手做贺卡送给老人们，带给他们温暖，表达对他们的深深祝福。

3．开展成效

通过开展关爱老人志愿服务活动，为空巢老人提供心灵关爱的温暖，营造家庭幸福生活的良好氛围。我们的青年志愿者受到了社区、敬老院及周边居民的一致好评，同时此项活动也得到了学院领导的充分肯定。

【工作案例20】

弘扬雷锋精神，践行志愿服务

名　　　称：鲜花丛中学雷锋

时　　　间：2012年4月

主办单位：成都航院团委、青年志愿者协会

群体类别：青年大学生

引导途径：社会实践体验

1．基本创意

为激励全体学生大力弘扬雷锋精神，坚定自己作为当代大学生要为他人、为社会奉献的信念，鼓励大家广泛深入参与青年志愿者活动，从自我做起，从身边的小事做起，把雷锋精神化为自身的行为习惯和道德品质，融入日常生活中，用实际行动践行雷锋精神，展示新时期雷锋精神的蓬勃生机，学校开展学习雷锋的实践活动。

借龙泉驿区委"践行雷锋精神、共建'三最'龙泉"主题活动这一契机，我校团委积极响应区委号召，深入开展"关爱他人、关爱社会、关爱自然"学雷锋志愿服务活动，弘扬雷锋同志无私奉献、服务人民的精神，全力服务成都国际桃花节期间"鲜花丛中学雷锋"志愿者活动。

2．主要内容和运作模式

成都国际桃花节期间，我校青年志愿者分别在成龙大道、驿都大道主要路口、桃花沟景区等3个点位，集中开展了交通秩序劝导、环境卫生保洁、食品安全监督、旅游线路指引、免费提供饮水、发放旅游景点宣传资料、为自愿学雷锋游客粘贴志愿服务标识、帮助老弱病残孕等特殊人员上下公交车等志愿服务活动。

3．开展成效

在此次志愿服务活动中，志愿者们放弃了休息时间，坚守岗位，始终文明热情地为来自四面八方的游客服务，充分展示了成航学子的良好形象，得到了广大游客和市民的肯定和认同，并得到团区委领导的赞扬和媒体的高度关注。同时，这次活动让更多的同学认识到雷锋精神是中华民族"天下为公""仁者爱人"传统美德的升华，是极其宝贵的精神财富，越来越多的同学加入到了青年志愿者的光荣行列中，志在"帮助他人，服务社会"，校园内也因此掀起了一股学雷锋的新高潮。

【工作案例21】

百团进社区

名　　称：百团进社区

时　　间：2018年6月

主办单位：成都航院学生社团联合会

引导途径：社会实践体验

1．基本创意

为贯彻落实城乡社区发展治理大会精神，紧跟共青团改革方向，促进青少年健康成长，龙泉政府举办"百团进社区"系列活动之"外教进村助学·校地共植青春"活动。

2．主要内容和运作模式

龙泉驿区"百团进社区"系列活动之"外教进村助学·校地共植青春"在茶店镇龙泉山城市森林公园植树区开展。活动现场气氛热烈，龙泉驿首席林业专家蓝正勇为青年大学生和茶店小学少年们讲解植树知识，传授了"土细坑深、根伸苗正、三埋两踩、浇水透心"四句植树口诀。

3．开展成效

用儿童喜好的方式，寓教于乐，将积极向上的思想传达给每一个人，不仅丰富了学生的社会实践经验，也让小朋友们感受到了社会对少年儿童的关爱，以实际行动继承和发扬成都航院"航空报国，追求卓越"的精神，为校园文化的蓬勃发展贡献力量。

【工作案例22】

"我与美食有个约定"厨艺大赛

名　　　称："我与美食有个约定"厨艺大赛

时　　　间：2012年10月

主办单位：成都航院团委、后勤总公司、学生委员会综治部

群体类别：大一、大二全体学生

引导路径：社会实践体验

1．基本创意

丰富课余生活，增强凝聚力，锻炼合作能力，加强动手能力，同时也为在厨艺方面有兴趣以及特长的同学提供展现自己的舞台。

2．主要内容和运作模式

活动形式分三场：初赛、复赛和决赛。初赛为1~2人进行卷面考试，复赛为2~3人进行基本功和摆盘的展示，决赛为菜品制作。采取淘汰制度，最终有8组成员进入决赛。

初赛时采用卷面考试，每组需派1~2人参加，大约520人参与考试，学生会成员做监考人员。初赛后有32个队伍进入复赛。复赛考验基本功和摆盘，每4个队为一组进行比赛，最终由后勤部门进行评分。复赛中有8个组脱颖而出进入决赛。决赛为菜品展示——在规定时间内，制作三道菜品：必做菜品由综治部提供两道规定菜品，参赛选手从中选一道为必做菜品，另自选两道菜品制作；由嘉宾进行品尝及评分，比赛最终诞生一个一等奖、两个二等奖、三个三等奖、两个优秀奖。

3．开展成效

厨艺大赛取得了全校师生的一致好评。通过家乡菜的展示，加强了不同地区的同学之间的了解，也让同学们知道了各地的饮食习惯，以便更好地展现成航学子的动手实践能力，以食会友。同时，丰富了我校大学生的课余生活，提高了大家的积极性，激发了大家的生活热情。通过举办这次厨艺大赛活动，锻炼了学生的实践和动手能力，培养了学生对厨艺、对生活的兴趣，使校园生活更多彩。

【工作案例 23】

两元基金活动

名　　称：两元基金活动

时　　间：2015 年 12 月

主办单位：成都航院航空工程学院团总支

群体类别：青年学生

引导路径：社会实践体验

1. 基本创意

随着我国经济的发展，越来越多的人过上了好日子，但是仍然有一些地方跟不上发展的速度，依旧有很多小朋友在艰苦的条件下为着自己的理想奋斗。作为一支"奉献爱心，服务社会，传播文明"的志愿者队伍，我们希望在他们成长的道路上尽一份绵薄之力，用我们的爱心为他们保驾护航。我们的帮助对象是宜宾市江安县建设村小学的小朋友们。希望用我们的爱心和祝福，让宜宾市江安县建设村小学的同学们在寒冷的冬天不再寒冷，让他们知道他们身边一直有一群默默关注、关爱他们的亲人。同时，宣传构建和谐社会，动员、鼓励更多的人去关注、去帮助处于贫困的人。

2. 主要内容和运作模式

通过现金捐助、衣物捐助和义卖活动，来帮助宜宾市江安县建设村小学的同学们。具体形式有：

① 现金捐助：两元及以上。

② 衣物捐助：主要的日用必备衣物，以实用为主，包括外套、长裤、T 恤、军训鞋、军训服。考虑到孩子们主要缺乏冬季的衣服，所以提倡捐赠棉衣裤、毛衣、羽绒服和大衣等。

③ 义卖：将卖橘子、橙子、香蕉等水果所得到的钱一并捐赠。

3. 开展成效

通过开展两元基金活动，2018 年一共获得 1 525 元现金、100 余件衣物捐助。这些捐助全部捐给了宜宾市江安县建设村小学，收到了孩子们送来的感谢信与感谢视频。此次活动也得到了同学们的关注，大家也都积极地参与到了公益活动中，培养了大家对社会的责任感与使命感，带动了身边的人一起加入爱心的传播当中，为需要帮助的人奉献出自己的爱心。

【工作案例 24】

"书香航工,用心'悦'读"好书分享活动

名　　称:"书香航工,用心'悦'读"好书分享活动

时　　间:2018年3月至今

主办单位:成都航院航空工程学院团总支

群体类别:青年大学生

引导途径:社会实践体验

1. 基本创意

为提高学院的阅读风尚,让同学们从书中收获快乐分享给他人。赠人玫瑰,手有余香。养成多读书、读好书、好读书的习惯,通过阅读总结,实践感悟,最后在同学们面前分享体悟。

2. 主要内容和运作模式

首先在日常的社会实践中对困惑的问题寻找书本解答,通过阅读总结,指导实践,获得自己的人生感悟。再通过讲解、诵读、谈论、读书笔记展示等多种形式进行分享,包括推荐书籍的理由,对书籍篇章及片段的讲解,以及对实践中具体事情的理解感悟。

主要分为两种方式:一是以班级为单位在班内进行分享,分享人向同学们讲解阅读内容及实践的感想,然后同学们进行提问,分享人解答,通过这种互动模式让同学们了解更多;二是在班级内分享完后,将资料整理好发布在微信、易班等平台,让其他同学了解、阅读和评论,之后从评论者中选出佳者。

3. 开展成效

一个人的体悟分享给他人后就变成了两个人的开心。通过这种分享的模式,可以方便更多的人探寻真知、收获经验、开阔眼界。让同学们了解到本来不知道的事物,获得更多的知识,丰富个人的见识。活动开展以来,学院同学相互赶学比超,坚定信心,奋发有为,变得更加有目标、有追求。

【工作案例 25】

绿色回收活动

名　　称:美化环境,绿色回收

时　　间:2016年至今

主办单位：成都航院机电工程学院团总支
群体类别：青年大学生
引导途径：社会实践体验

1．基本创意

在我国自然资源日益短缺和生态环境被破坏的背景下，节约资源、保护环境，已经成为我们当代年轻人义不容辞的责任。对此，学校应当着力提高学生们的环保意识，减少不必要的资源浪费。为了让大家了解到保护环境的重要性，引导大家开始绿色生活，机电工程学院青年志愿者分队在团总支社会实践部的带领下，在学生公寓开展绿色回收活动。

2．主要内容和运作模式

活动内容主要是青年志愿者们在学生公寓回收可二次利用的废弃物品。

宣传环节：通过微信、微博、QQ等网络平台进行线上宣传；志愿者在生活广场挂横幅、发传单进行现场宣传。

回收环节：晚自习结束后，志愿者们分成多个小组进入公寓内，对各个寝室依次进行废弃物品回收。

处理环节：将回收到的可二次利用的废品集中放置，后联系回收站的人员对其进行处理，达到节约资源、美化环境的目的。

3．开展成效

2016年至今，共计开展绿色回收活动30余次，回收物品2 300多斤。通过绿色回收活动，志愿者们切身了解到了资源回收的过程，对可二次回收资源有了基本的了解，懂得了节约资源的必要性。在此过程中，同学们也切实体会到了优美环境的好处，尝试着开始绿色生活。耳濡目染，骨化风成，志愿者们的行动，让越来越多的人加入了绿色生活，我们的校园也因此变得更加美好。

【工作案例26】

迷彩服回收

名　　称：关爱祖国未来，携手奉献爱心主题捐募活动
时　　间：2017年6月
主办单位：成都航院士官管理学院

群体类别：全体大学生

引导路径：社会实践体验

1．基本创意

每年暑假，学院新训骨干承接有古蔺、茂县等中学新生军训任务。在赴上述中学开展军训时发现，一些学生没有经济能力购买新军装，只能延用学长们留下的军装。因被反复使用，军装破旧、不干净。有鉴于此，成都航院士官管理学院发起以"关爱祖国未来、携手奉献爱心"为主题的募捐活动，将收集到的军装在暑期带到军训的中学，希望通过此活动帮助贫困地区的青少年。

2．主要内容和运作模式

（1）募捐学院师生的闲置资源，使其重新发挥使用价值，以此来降低困难群体的生活成本、减少社会资源的浪费、保护环境、倡导绿色消费、促进互助互爱，共同建设生态文明的和谐社会。

（2）让贫困同学感受到社会对他们的关注和爱心，呼吁更多的人关注贫困青少年，加入帮助行列中来。

（3）发扬志愿者"奉献、友爱、互助、进步"的精神，展现当代大学生的风采。

（4）主要运作模式（见表12）。

表 12

	时间	任务
活动前期准备	每年6月初	①申请借用场地（生活广场）和设施； ②做出活动当天工作人员的值班安排表； ③制作捐献记录表； ④与易班工作人员和本院老师提前取得联系，以便活动的推广和宣传
活动中期	每年6月中旬	将收集来的衣服进行整理、分类、搬运
活动后期	每年6月下旬	①归还物品； ②活动总结、统计； ③对参与此次活动的人员表示感谢； ④对所收集的衣服进行清洗、消毒

3．开展成效

收集学生军训时的军装，用来捐赠给贫困地区需要军训的孩子用。将衣物捐给那些需要的人，解决了学长学姐旧衣成灾的尴尬；发扬了大学生的爱心与奉献精神；锻炼了士官生的社会实践经验与团队合作精神；通过回收旧衣服，可以让同学们知道，每个人都有爱心，不管是干什么、做什么，爱永远在每个人心中；让每个青年尽自己的一份力量去帮助需要帮助的人，让他们从活动中体会到生活的艰辛，从而更加珍惜当前的生活。

【工作案例27】
校园"牛皮癣"清扫活动

名　　称：校园"牛皮癣"清扫活动
时　　间：2018年3月至今
主办方：成都航院信息工程学院、士官管理学院团总支社会实践部
群体类别：青年大学生
引导途径：社会实践体验

1．基本创意

和谐美好的校园给了我们一个舒适、安静的学习环境，优美整洁的校园是学校文明的标志之一，保持温馨舒适的生活环境是我们共同的义务和责任。然而现阶段，"牛皮癣"一般的小广告铺天盖地、随处乱贴，在我们美丽和谐的校园里显得那么刺眼，严重影响了校园的整洁和文明。为推动和谐校园建设，进一步营造整洁文明的校园环境，信息工程学院联合士官管理学院社会实践部共同举行了治理校园小广告活动，用行动创造和谐美好的校园。

2．主要内容和运作模式

"牛皮癣"清扫活动主要是通过铲除教室、实训楼、生活广场、食堂及宿舍等地的小广告而保持校园内部环境的清洁。

具体内容有：前期招募志愿者，并对他们进行分组、划分工作区域、设立小组长；活动当天，召集志愿者集合，宣布分组人员名单，现场分发清扫工具，由每组小组长带队去分配的地点进行清扫；活动中采集照片；活动结束后，召集志愿者集合，归还工具并合影留念。

3．开展成效

"牛皮癣"清扫活动，不仅有助于促进校园精神文明建设，改善校园环境，力争为广大师生展示一个特色鲜明、环境优美的校园环境，更让青年志愿者在实践中得到锻炼，通过实践感悟事理。此次活动得到了老师及同学的一致好评。

四、观察思考

路径释义：根据大学生思想鉴别力还不一定很强、对外界事物的认识框架还不一定很成熟和稳定的状况，引导他们从正确的视角观察纷繁复杂的社会现象，善于在理性层面上对所看到的社会现象进行再认识、再思考，从而正确把握社会发展的主流和本质。

社会观察引导：社会观察是大学生思想意识形成的重要途径。对于同样的社会现象和社会事件，观察者占有信息的全面和真实程度不同、观察的角度和立场不同、思想认识水平不同，往往会得出不同的观察结论。要通过在媒体上开辟"社会透视""热点观察"专栏，以及组织开展具有可控性的热点话题研讨、课前时事点评等形式，引导大学生更理性、更全面、更深刻地看待各种社会现象和社会问题，得出积极正确的社会观察结论。

【工作案例 28】

成航"五四"主题辩论赛

名　　称：成航"五四"主题辩论赛

时　　间：2006 年至今，每年 4—5 月

主办单位：成都航空职业技术学院团委

群体类别：青年大学生

引导途径：社会观察引导

1．基本创意

为以实际行动庆祝"五四"青年节，增强团组织的影响力、凝聚力和战斗力，加强团的全面建设，进一步深化"服务青年、引导青年、培养青年"的工作理念，为青年大学生搭建学习和交流的平台，学校团委于每年 4—5 月在全校范围内组织开展纪念"五四"主题辩论赛。以此来锻炼学生的口

才与随机应变的能力，提高大学生的语言交际能力；同时，丰富学生的课余文化生活，进一步加强我校文化素质建设。

2．主要内容和运作模式

各二级学院团总支、各班团支部组织团员青年开展主题辩论赛，从中选拔优秀代表队参加校级淘汰赛。我们采用了国际标准辩论赛规则和十六进八、八进四、半决赛、决赛的赛制；同时，也制定了合理的打分标准，保证了赛事的公平公正。经历过关斩将，脱颖而出的两支队伍将进入成都航院纪念"五四"主题辩论赛决赛，辩论赛分开篇立论陈词、攻辩、自由辩论、结辩陈词四部分进行。比赛中，双方唇枪舌剑，你来我往，针砭时弊，对抗可谓激烈至极，观众拍手称快，同时也得到了评委们的赞许。

3．开展成效

一年一度的辩论赛活动，为学生提供了展示自我的舞台，丰富了同学们的课余生活，活跃了校园文化气氛，提高了各级团组织的凝聚力，发掘了辩论人才（2018年，我校与四川师范大学组成的四川省代表队，击败由天津大学和南开大学组成的天津市代表队，荣获全国大专院校辩论赛总决赛一等奖；有多名学生荣获省级以上演讲比赛优胜者、最佳辩手称号）。本着"公平竞争，力争第一"的精神，提高了学生的阅读、写作、视听、思辨、演讲、团队组织协作能力，营造了良好的校园文化氛围，为深化学校校园文化建设奠定了坚实的基础。

【工作案例29】

废旧轮胎美化大赛

名　　称：废旧轮胎美化大赛

时　　间：2018年5月

主办单位：成都航院汽车工程学院团总支

群体类别：青年大学生

引导途径：社会观察引导

1．基本创意

汽车工程学院学生实训基地门口比较空旷，且基地内有很多废旧汽车轮胎，还有一些废弃的汽车零部件。与其将这些废品扔掉，不如让同学们用自己的巧手来美化我们的环境。这不仅有助于树立汽车学院的形象，而且使同学们熟悉汽车轮胎的结构和知识，带给同学们轻松愉悦的课外生活。

2．主要内容和运作模式

大赛共分四个环节：发布通知确定参与人数、前期准备所需材料、现场制作美化以及颁奖仪式。

①发布通知：向同学们介绍活动参与方式、活动目的、活动时间。②前期准备：根据报名人数准备所需耗材（轮胎、油漆、口罩、手套、毛笔排笔以及报纸）。③现场制作：根据大赛的初衷，给参赛人员提供所需耗材，由各参赛人员在规定时间内完成。④颁奖仪式：一方面，奖励表现优秀的小组及个人；另一方面，对活动进行总结，使同学们在活动中能有所收获。

3．开展成效

通过同学们自主参与、自由发挥，对废旧汽车轮胎进行美化制作。在活动中，大家不仅发挥了自己的想象能力，还提高了自身的动手能力。这也是通过因地制宜的创新活动开展，将理论与实践相结合的一种探索。

【工作案例30】

我爱校园——共享单车进校园志愿维护活动

名　　称：我爱校园——共享单车进校园志愿维护活动

时　　间：2017年10月至今

主办单位：成都航院通用航空学院团总支

群体类别：青年大学生

引导途径：社会实践体验

1．基本创意

共享单车是新时期中国的"新四大发明"之一。共享单车进校园，极大程度方便师生的出行，受到了广大师生的欢迎，但也引发了安全、乱停乱放、影响校容校貌等现实问题。针对这一问题，不同的高校对共享单车有了不同的态度和具体措施。2017年9月开学之初，学校发布了暂停共享单车进校园的通知，一时引起广大师生的热议，学生也多次提出诉求。在此背景下，通用航空学院团总支社会实践部的同学采取行动，真正了解共享单车进校园的困难之处，以实际行动为师生谋福利；最后，通过志愿者们的调查与分析、行动和建议，学校重新开放共享单车进校园，学院志愿者们持续维护共享单车进校园后的规范使用。

2．主要内容和运作模式

在全校范围广泛征集和调研师生对"共享单车进校园"的态度和看法，对其中的敏感性问题进行分析，也号召大家自觉维护和爱惜共享单车，支持学校工作的有序开展。全校 1 713 名师生参与了《共享单车进校园》的问卷调查，92%以上的参与者赞成共享单车进校园，94%以上的参与者表示会主动维护共享单车秩序。在此调查基础上，通用航空学院学生撰写共享单车进校园实施方案提交学校相关部门；最终，学校在整体考虑下再次开放共享单车，此项工作取得阶段性成果。

根据调查结果显示，超过 66%的参与者认为"乱停乱放，影响校园环境"是共享单车不能进校园的主要原因。有鉴于此，通用航空学院志愿者每周利用周末时间定期整理学校乱停乱放的单车；同时，通过长期的调查和观察，总结分析学生乱停乱放单车的规律和原因，定点宣传、及时整理，进一步巩固工作成果。

3．开展成效

共享单车进校园的广泛调研参与和最终结果让广大师生增强了对学校民主管理的信心，创新和拓展了学生社会实践的平台和范围，引导了学生关注身边事、参与身边事，也在活动过程中发挥了学生主体作用，提升了学生发现问题、分析问题、解决问题的能力。

【工作案例 31】

"放飞理想、逐梦蓝天"航模展飞大赛

名　　称："放飞理想、逐梦蓝天"航模展飞大赛

时　　间：2016 年至今

主办单位：成都航院航空工程学院团总支

群体类别：青年学生

引导路径：活动体验

1．基本创意

为了弘扬我校的优良文化传统，举办"放飞理想、逐梦蓝天"航模展飞大赛。全校学生可以通过简易的橡皮筋动力模型了解到有关飞机的一些基本知识。此比赛可以拓展学生的专业思维，激发学生的创新精神，提高学生的动手能力与学习热情，丰富大学学习生活，同时也突出了我校的航

空特色。

2．主要内容和运作模式

要求学生统一购买12元的航模材料自己动手组装。模型动力只能使用橡筋（橡筋重量为2 g）；比赛时组委会提供 $1\times1\times1\,500$ mm 橡筋一根，允许使用自带橡筋（重量≤2 g），缠绕方法不限；比赛看谁的模型飞机在空中停留的时间最长。

前期的宣传主要采用在校园生活广场设置服务点宣传；图书馆、教学楼、食堂门前设置展板宣传；宿舍楼张贴海报；各二级学院微信公众号、QQ号宣传；各二级学院团学会下发比赛通知到每个班级。

比赛时要求橡筋模型飞机留空时间：留空时模型与选手肢体分离开始计时，以模型接地时结束。如果与建筑、树木在落地前发生碰撞而停留十秒以上计时结束，停留时间不计在留空时间内；不足十秒的继续计时，停留时间计算在留空时间内。

除此之外，比赛还对可能出现的突发事件进行预判及应急措施的准备。

3．开展成效

航模展飞大赛让全校同学融入到校园航空文化的浓厚氛围中，提高了我校大学生的创新意识、审美意识，以及设计能力和动手能力，提高了学生的综合素质，丰富了学生的课余文化生活，同时展示了我校师生的航空文化传承及专业素质。

【工作案例32】

士官管理学院"悦享周末"

名　　　称：士官管理学院"悦享周末"

时　　　间：2018年3月和6月

主办单位：成都航院士官管理学院心理部

群体类别：全体士官生

引导途径：社会观察引导

1．基本创意

目前，部分同学在周末会觉得无所事事，感到"无聊"，缺少良好的生活态度。为了改变这一现状，让同学们有一个充实有趣的周末，学院组织开展"悦享周末·让周末更幸福"主题活动，努力培养同学们积极向上的生活态度。

2．主要内容和运作模式

按照士官管理学院老师们对学生进行心理健康引导的工作指示，为全面改善我院学生心理健康状况，学院心理部策划实施"相约成都"出游活动，旨在改变同学们周末无聊的不良状态，让同学们周末更加充实；同时，加强同学们之间的相互交流，促进同学们互帮互助、团结友爱。

3．开展成效

活动中，同学们对出游活动地点（博物馆、美术馆、图书馆）高度肯定。博物馆的历史氛围深深地吸引了同学们，极大地丰富了同学们的周末生活。同时，分组参观美术馆、图书馆时，各个小组井然有序、遵守纪律，在参观过程中文明欣赏、安静学习，做到士官生的模范作用。出游活动成效明显，非常成功。

五、人群影响

路径释义：利用社会关系和人际联络对大学生思想的重要影响，通过让承载先进思想的特定个人对大学生施加影响，或促使某种先进思想在大学生人群中传播的方式，促进大学生健康成长。

（一）榜样示范

榜样对人的成长具有强有力的激励作用。要通过"每周一星""年度之星"和"院系之星""校园之星"等推荐评选活动，引导大学生广泛参与推选来自身边、具有闪光点的，可亲、可信、可学的"普通人中的典型"，并通过校园媒体访谈、面对面交流、表彰奖励等形式进行广泛宣扬，使蕴藏在大学生中的积极向上的精神元素得到挖掘和弘扬。

【工作案例 33】

党员先锋队

名　　称：党员先锋队

时　　间：2010 年 3 月至今

主办单位：成都航院信息工程学院团总支

群体类别：学生党员

引导途径：榜样示范

1．基本创意

坚定理想信念，紧跟时代步伐，结合自身特色，求真务实地积极开展义务服务活动，全心全意为人民服务。在实际行动中发扬党的优良传统与作风，起到党员的先锋模范带头作用。

2．主要内容和运作模式

一是定期开展集中学习，每月两次主题生活，以学习文件、理论研讨、工作交流、收看影视作品、外出参观等多种形式，加强自身建设，增强党组织的凝聚力，提高学生党员的综合素质。二是开展校内外义务服务活动。三是以自我提高、自我监督为主，考核为辅，从寝室影响出发，带动整体，努力使学生党员做到"让优秀成为一种习惯"，起到党员先锋模范作用。

3．开展成效

树立了党员形象，从学习和生活中发扬"我是党员，请监督我"的风格，真正做到了党员学生严格要求自己，起到了模范带头作用。

(二) 同伴影响

大学生同伴年龄相仿，知识背景和兴趣爱好相近，相处时间长，感情信任度高，相互之间在思想认识上的影响也较大。要通过设置特定思想话题，让同伴相互交流讨论，并通过培养学生骨干，让他们在日常的学习、生活中带动更多的同伴成长等方式，让大学生们相互激励、相互促进、共同进步。

【工作案例34】

成都航院纪念"五四"团内总结表彰大会

名　　称：成都航院纪念"五四"团内总结表彰大会

时　　间：每年5月

主办单位：成都航空职业技术学院团委

群体类别：青年大学生

引导途径：榜样示范

1．基本创意

以服务大学生成长成才为目标，大力加强组织建设与队伍建设，深入推进创先争优活动，在全校基层团组织和团员（干部）中营造学先进、赶先进、创先进的浓厚氛围，进一步活跃团的基层工作，激励广大团员和团干部勤奋学习、扎实工作，切实加强团的自身建设。通过榜样力量，进一步调动各级团组织、团干部和团员的积极性、创造性，促进团的工作再上新台阶。

2．主要内容和运作模式

充分调动基层团组织和广大团员的积极性，采取基层评选申报和学校考核相结合的办法，于每年4月对校级先进团支部、优秀团员、优秀团干部、青年志愿者先进集体、优秀青年志愿者、社会实践"三下乡"优秀个人申报材料进行考评、审核、公示。评选先进集体，先由团支部向团总支提出书面申请，并上报先进事迹材料；经团总支初审合格后，报团委审批。先进个人的评选由支委在广泛征求团员青年和辅导员意见的基础上，召开支部大会民主选举产生，团总支初审合格后报团委审批。每年5月4日召开一年一度的团内总结表彰大会。

3．开展成效

以评优工作为契机，加强了对先进典型的总结宣传工作，积极推进示范群体建设，带动团建工作不断向前发展。通过进一步总结经验、表彰先进、树立典型，激励广大团员和各级团干部勤奋学习、扎实工作、奋发进取、开拓创新，进一步增强团组织的凝聚力和战斗力。

【工作案例35】

班级文化建设活动

名　　称：信息工程学院班级文化建设活动

时　　间：2016年至今

主办单位：成都航院信息工程学院团总支

群体类别：青年大学生

引导途径：榜样示范

1．基本创意

怀揣着对大学生活的向往，同学们走进大学的校门，开始了全新的大学生活；他们走进了新的班级，认识了新的同学，体验到了新的学习和生活方式。为了让大一的新生们更快地融入新的班级之中，增强学生的班级观念、协作意识和团队精神，让学生形成一种良好的学习习惯，更快地了解大学、融入大学，并有一个良好的未来规划，尽快适应大学生活，举办了班级文化建设活动。

2．主要内容和运作模式

班级文化建设活动主要以班级为载体，通过班级共同努力上台展示班级风采的形式进行比拼。具体评选内容有：各班根据团学会学习部下发的文件开展"学习经验交流会"，学习部根据各班"学习经验交流会"效果进行评分，得分占整个活动总分的30%；团学会办公室根据各寝室文化建设情况给出评分，取平均值为各寝室最终得分（寝室得分之和/寝室数），寝室文化建设最终得分占整个活动总分的20%；各班建立健全的班级制度、学风和班风建设规划以及班级架构，包括各班班规、班委完善程度、班级总人数、班级团员数量等，各班将班级文化建设内容纳入班级风采展示中，各班级派出代表进行本班级的风采展示，班级风采展示最终得分占整个活动总分的50%。

3．开展成效

为增强新生班级凝聚力，通过新生班级集体准备、班级代表上台展示的方式，加强了新生班级内同学之间的联系。活动旨在用最短的时间让各位同学熟悉班级、熟悉老师。活动激发了班级活力，增强了学生的班级观念、协作意识和团队精神，让学生形成一种良好的学习习惯，让班级形成独特的学风和班风以及班级文化。

【工作案例36】

自律社

名　　称：自律社

时　　间：2011年2月至今

主办单位：成都航院信息工程学院团总支

群体类别：全体青年学生

引导途径：同伴影响

1. 基本创意

响应学校党委"早选苗，早建库，早培养"的号召，以"入党积极分子"为核心成员，进行入党前的考核及培养。

2. 主要内容和运作模式

以"自觉觉他，自律律人"为团队口号，在做到自我监督、自我管理的前提下影响他人。每位成员每学期基础分为60分，以寝室卫生、义务劳动、学习成绩、活动考勤为考核项目，以考核为主，增强学生"榜样"意识。实时关注每个自律社成员的各项成绩和考核数据，针对同学们的状态采取不同的措施，对于成绩下滑或是变化较大的同学采取个别谈话、学长影响等形式解决问题。最后，将最终成绩作为入党讨论首要材料。

3. 开展成效

以表率作用为理念，强化自己在生活和学习中的自我要求，积极带动全院学生。2011年2月至今，自律社中共发展108名学生党员。

【工作案例37】

寝室吉尼斯

名　　　称：寝室吉尼斯

时　　　间：2010年10月至今

主办单位：成都航院信息工程学院、管理学院团总支

群体类别：青年大学生

引导路径：同伴影响

1. 基本创意

通过寝室吉尼斯创建活动，积极动员同学热心班级、寝室建设，增进师生、同学、班级间友谊；倡导"爱生活、爱学习、爱同学、爱班级"的生活理念，践行"勇气、快乐、积极、和谐、希望"的生活准则，彰显班级魅力与"承担责任、珍视荣誉、拥有专长"的学生成长价值观，增强全体同学的集体荣誉感与团队精神，唤起大家努力争创一流的意识与行动，争创文明和谐寝室。

2. 主要内容和运作模式

每个新学期召开新的寝室吉尼斯发布会，并对上学期寝室吉尼斯结果

进行表彰。每学期启用创新寝室吉尼斯方案并加入各类竞技比赛和游戏。在活动开展过程中，每天及时在线发布检查信息，适时激励，对不足的寝室进行劝诫。

每天实时在线更新全院各个寝室和班级的卫生情况，及时鼓励，及时表扬；针对得"差"的寝室，及时查明原因，及时整改，营造积极向上的良好氛围。每学期发布寝室吉尼斯纪录方案，表彰上阶段创建活动中的优秀个人和先进集体。

针对寝室卫生较"枯燥"的可能，每学期变化寝室吉尼斯创建方案，并附加以寝室和班级为单位的各类竞技比赛和游戏。例如，寝室吉尼斯投篮比赛、花样拔河比赛、跳绳比赛、棋牌比赛等。通过采取各种形式，让同学参与到这些竞技比赛和游戏中来，让同学们热爱寝室生活，享受寝室文化。

3．开展成效

在班级和寝室营造了"让优秀成为一种习惯"的积极氛围，让同学们真正践行"勇气、快乐、积极、和谐、希望"的生活准则，给大家一个认识自己、发挥自己、表现自己、塑造自己的良机。进行寝室吉尼斯活动，取得了一定的成效：①促进了寝室成员之间的团结与互助，提高了学生的团队精神；②为学生树立了正确健康的生活理念，使其生活、学习充满乐趣；③促进了大学生宿舍管理的多元化，使其沿着优质、美化的轨道发展；④加强了学生文明修养，在潜移默化中磨砺意志品格。

【工作案例38】

党日活动创先争优迎十九大

名　　称：党日活动创先争优迎十九大

时　　间：2017年4月26日

主办单位：成都航院机电工程学院团总支

群体类别：青年大学生党员及入党积极分子

引导路径：同伴影响

1．基本创意

以迎接党十九大的召开为契机，通过重温入党誓词、唱红歌等形式，牢记党的宗旨，进一步加强学生党员思想教育，增强党组织活动的丰富性和多样性，使全体学生党员在活动中体验党在新时期工作的重点，有效地落实学校"服务航空、服务军工、服务地方，办人民满意的高职教育"的办学追求，让每个学生党员自觉地服务于党的中心工作，为此开展主题党日活动。

2．主要内容和运作模式

此次党日活动以重温入党誓词、恪守承诺、永葆先进、强组织、增活力，创先争优迎十九大为主题。党组织生活以"两会"为主线，歌颂党的伟大成就，引导党员增进爱党之情、常怀忧党之心、恪尽兴党之责。党日活动分演讲、讨论、访谈、问答等四个环节，其中包括组织全体党员及入党积极分子唱红歌，共同学习《中国共产党章程》等，目的在于让每一位党员同志坚定信念，统一认识，充分发挥共产党员的先锋模范作用。

3．开展成效

本次活动的开展统一了思想，提高了认识。同学们结合自身实际，找差距、谈感受、定目标、想措施，触及了思想，开阔了视野，得到了启发。

【工作案例39】

荧光夜跑，"易"起奔跑

名　　称：荧光夜跑，"易"起奔跑

时　　间：2017年11月

主办单位：成都航院航空工程学院团总支

群体类别：全体青年学生

引导途径：同伴影响

1．基本创意

体育锻炼不仅能增强我们的体质，让我们的学习生活有强健体质保障，还能帮我们抵御许多疾病的侵袭，锤炼意志品质。活动旨在呼吁大学生走出寝室，放下手机，多在户外运动。

2．主要内容和运作模式

以"荧光夜跑，'易'起奔跑"为口号，呼吁大家健康运动。活动分为20组，每组4人。通过工作人员所下发的小卡片上的提示短语，在全校范围内寻找对应的定点，并且要答出哪句话对应这个定点；答对后就可以完成该任务点的小游戏，完成后即可得到一枚印章；在规定时间内谁得到的印章越多，即获胜。同时，为了增加活动的趣味性，在全院范围内设立一个由工作人员代替的移动点，身上有明显的特征，任务更难，但移动点可以得到两个印章。该活动的特点是：

（1）时尚：每一位参加者都能使用活动提供的荧光材料，各种荧光穿戴设备，活动当晚每位都能成为时尚达人。

（2）健康：荧光跑在传播快乐和分享的同时，也在推广一种健康的生活方式。随着荧光跑在越来越多的城市进行，愈来愈多的人受到这种生活方式的感染。

（3）个性：慢跑结束后，通过歌手演唱将活动的气氛推到高潮——这并不是传统意义上的一次夜跑，不仅不会有活动后的疲倦与辛苦，还可以尽情感受狂欢带来的愉悦感。

3．开展成效

当活动推出时，线上报名在两分钟之内名额全部发放出去。在班级和学校营造了走出寝室锻炼身体的积极氛围，让同学们真正感受到了一种"健康、快乐、积极、向上"的新生活方式，给大家一个锻炼自己、挑战自己、塑造自己的机会，并且希望参加人员能在今后的日子里有一个健康的生活方式。

（三）新老"传帮带"

优秀校友、优秀学长的成长经历，对在校学生往往具有较强的可信度和说服力。要充分发掘校友和学长群体中的思想引导资源，通过访问、访谈、报告会、事迹汇编等形式，以优秀校友和学长的"现身说法"，启发大学生积极进取、奋发成才。

【工作案例40】

1+3 前进加油站

名　　　称：1+3 前进加油站

时　　　间：2010 年 10 月至今

主办单位：成都航院信息工程学院团总支

群体类别：全体青年学生

引导途径：新老"传帮带"

1. 基本创意

此项特色活动是根据加强学院学风建设活动启动的配套活动，在现有同学中选拔单科优异的同学作为"1"，面向其他同学进行公开授课。希望"1"能透过自身的力量，影响辐射到"3"甚至更多的同学，从而达到"1"帮"3"和"1"影响"3"的效果。

2. 主要内容和运作模式

该活动以团总支社会实践部牵头，招募专业性强的同学作为导师对其他同学进行公开授课。主要包括"帮扶式定点学习""体验式课程""线上活动""线下活动"四方面。

"帮扶式定点学习"是指根据不同的学习需求分为不同的学习小组，开设相应的课程，学习的时间、地点由各个小组自主协调，以一周至少一次辅导为基准，展开活动。在学期初，我们在全院同学中进行在线无记名调查，筛选出同学们感兴趣的科目进行导师招募，完成招募后安排学期授课计划和课程表。

"体验式课程"是指授课人由专业老师或大二团队导师组成，每周一次公开课，授课的内容统一规划，每月公布一次课程表（包括主讲人、授课时间以及授课内容），课程内容尽可能涉及各专业的相关知识或者能够激发同学的兴趣点。

"线上活动"指通过讨论群，交流学习相关的问题，在线解答疑问；根据学员学习情况，可以安排相关的作业或项目，由专业导师带领；提供教学视频网站或共享相关视频。同学们可以在线提出疑问，老师或是导师会详细解答，保持同学们学习的兴趣。

"线下活动"是指由团总支社会实践部牵头，组织相关的户外活动或者竞技活动，增强同学们的团队意识及竞争意识。

在整个学期的活动开展中，我们会根据上课的实际情况适时制定符合本学期的计划。对于导师，我们利用公开场合和重要场合进行表彰和感谢，重在精神激励和强调奉献。

3. 开展成效

2011—2012年度，该项目的同学累计服务495小时、辅导1 566人次。大部分同学的专业能力得到提升，部分作品曾在校级、院级比赛中取得优异成绩，还养成了热心公益和奉献互助的习惯。

六、文化熏陶

路径释义：适应大学生旺盛的文化需求和文化创造活力，努力把优秀传统文化、体现民族精神和时代精神的现代文化、积极向上的流行文化等元素融入引导活动中来，使引导活动充满文化氛围、富有文化内涵、体现文化特色，充分发挥先进文化对大学生的思想教化作用。

（一）文化活动

文化活动对人的思想意识具有潜移默化的重要影响。通过积极开展歌咏比赛、DV大赛、才艺展示、校园文化艺术节等校园文化活动，组织创作和展演一批反映大学生活、弘扬主旋律的歌曲、话剧、音乐剧、动漫、诗歌、小说等文化艺术作品，使大学生在生动活泼、积极向上的校园文化环境的熏陶中提升思想境界。

【工作案例41】

成都航院校园文化艺术节

名　　称：成都航院校园文化艺术节

时　　间：1999年至今，每年10—12月

主办单位：成都航院团委、学生会

群体类别：青年大学生

引导途径：文化活动

1. 基本创意

作为新世纪的大学生，不仅要有坚定的理想信念、高尚的道德情操、扎实的文化功底，还需要有良好的礼仪素养、深厚的艺术底蕴、创新的艺术构想。为活跃校园文化生活，倡导校园新风，营造良好和谐的校园氛围，提高学生综合素质，充分发掘学生潜力，培养学生对艺术的兴趣，陶冶学生的艺术情操，提高学生的审美情趣，学校团委拟定于每年10—12月开展丰富多彩的校园文化艺术节系列活动，为学生展示个人才艺与风采搭建舞台。

2．主要内容和运作模式

校园文化艺术节系列活动包括开幕式暨迎新晚会、"校园之星"歌手大赛、主持人比赛、舞蹈大赛、"12·9"合唱比赛、书法摄影展、诗歌朗诵比赛、艺术讲座、社团汇报表演、闭幕式等。

宣传工作：前期宣传采用了红头文件发放、海报宣传、**LED** 宣传、广播宣传、网站宣传等方式，使同学们充分了解活动内容、活动时间、比赛要求及细则。艺术节期间安排校园小记者了解活动进程，并通过广播、校园网对各系列活动进行了跟踪播报。后期出刊《成航青年》"校园文化艺术节"专刊。

节目选拔：各系列活动分别通过学院初选、校团委复选、彩排等，最终确定参演（赛）作品。选拔过程中，由艺术专业老师对参演（赛）节目做出点评、指导和编排，以确保同学们在表演中展示出自己完美、精彩的一面。

表演（比赛）：成立职能组，分别安排人员负责安全保卫工作（组织学生观众、现场维序等）、设备工作（音控、灯光、道具等）、摄影工作、统分及奖状奖品发放工作等，以确保每次活动的顺利进行。

3．开展成效

一年一度的校园文化艺术节活动已成为我校的一道亮丽风景线，它倡导了校园新风，弘扬了校园艺术文化，同时也是对师生进行艺术与美、传统文化与民族精神教育的一个良好契机。近年来，校园文化艺术节活动内容越来越丰富，参与者越来越多，在师生中的影响力也越来越大，取得了丰硕的成果，已成为我校的品牌文化活动。校园文化艺术节不仅为广大学生筑就了施展才华的空间与舞台，更为广大师生传承了一批特色节目和活动，营造了浓厚的文化氛围。

【工作案例42】

2017—2018社团汇报表演

名　　称：2017—2018社团汇报表演

时　　间：2010年12月至今

主办单位：成都航院学生社团联合会

群体类别：全校师生

引导途径：文化活动

1．基本创意

展现社团风采，诠释社团文化。本次汇报表演的目的是丰富大学生文化生活，展现当代大学生精神面貌，进一步扩大社团影响力，活跃校园社团文化氛围，激发学生的艺术创作能力。以晚会的形式积极支持学生社团活动，给各社团一个面向全校的广阔的舞台，在展示自我才华、提升自我的同时，增进沟通和友谊，传承人文精神，彰显社团风采，把社团发展带入一个崭新的篇章。

2．主要内容和运作模式

以晚会形式呈现，优秀社团进行成果演出，并穿插观众互动、开展游戏等环节。活动流程：由舞蹈表演拉开晚会序幕；相关社团精彩文艺表演；晚会期间穿插与现场观众之间的微博、微信互动；颁奖。

3．开展成效

促进了学生青春活力的迸发、创新精神与创新能力的提高，提高了学生的审美情趣；同时，促进各社团之间的交流与合作，也展示了学生的个人才华。

【工作案例 43】

中华传统文化高校联谊

名　　称：成都市传统文化高校联谊

时　　间：2018 年 5 月 13 日

主办单位：成都航院学生社团联合会

群体类别：学校社团翰飞传统文化协会

引导途径：校园文化活动

1．基本创意

弘扬中华传统文化，激发大学生的民族责任感，努力培养自身的人文精神；丰富校园文化氛围，使青年学生在活动中受到潜移默化的熏陶、感染和教育，情感得到升华；向外校社团展示成都航院社团文化和特色。

2．主要内容和运作模式

互动活动分游戏、节目欣赏两个阶段进行。游戏环节以闯关赢取社团印章，集印章兑换奖品的形式促进各社团之间的文化交流，使各高校文化类社团同学感受中华传统文化的丰富多彩。活动过程中，我校社团联合会的同学们通过设置国学知识问答的形式，让更多参与的同学了解国学相关知识。传统文化节目欣赏环节，各高校文化类社团代表纷纷展现自己社团的优秀节目，表现出当代中华文化特有的张力与魅力。

3．开展成效

以联谊的方式开展丰富传统文化的活动，提高了大学生对传统服饰、礼仪、语言等文化的了解热情，提高了汉服在大众中的知名度。《中国华服日报》也对该活动给以长期关注，使大学生在生动活泼、积极向上的校园文化环境的熏陶中提升了思想境界，更加热爱祖国的优秀传统文化。

【工作案例44】

"成航大讲堂"

名　　　称："成航大讲堂"

时　　　间：2014年开始，每周二、周三 19:00

主办单位：成都航院团委、学生会

群体类别：全校学生

引导路径：文化活动

1．基本创意

成航大讲堂从五个层面进行设计，即语言与文学、历史与文化、哲学与人生、艺术与审美、社会与职场。邀请校内外名家学者、行业翘楚宣讲文化经典、解读社会热点、交流哲学艺术、陶冶审美情操，全年组织开展四十场以上主题讲座。讲座场次和规模达到受众人群全覆盖。

2．主要内容和运作模式

大讲堂分为三个环节：老师开讲—师生问答—讲座分享与总结。

讲座内容：邀请的讲座人讲授的内容主要是"语言与文学""历史与文化""哲学与人生""艺术与审美""社会与职场"等五个方面。要求内容新颖，能及时吸呐各领域最新发展动态，能培养学生对知识的深入理解和运用，能完善学生的专业知识结构，拓宽学生视野，拓展学生思维。选题要适当，尤其要注重抓住学生关注的热点问题，并给学生以正确引导。

师生互答：讲座最后留出20分钟，学生提出自己学习生活中的一些问题，老师对学生所提问题进行解疑。

讲座总结：老师或主持人根据此次讲座情况与同学们进行简单的分享和总结。

3．开展成效

成航大讲堂对于繁荣校园文化、鼓励学术创新等，具有良好的促进作用。作为校园里一项长期举办的文化活动，它更像是人生道路上的小课堂，不同主题的讲座给同学们传授不同的知识，让学生们的思想得到升华，受到校内广大师生的一致好评。每场活动观众400～600名（根据讲座内容和效果选择不同的开展场地）。活动很好地促进了校内外学术交流，营造了浓郁的学术氛围，树立了良好的学风校风。

【工作案例45】

外国语歌手大赛

名　　　称：外国语歌手大赛

时　　　间：2018年6月5日

主办单位：成都航院学生社团联合会

群体类别：全校所有社团

引导途径：文化活动

1．基本创意

听外文歌可以练习听力，练耳感；唱外文歌可以练就纯正的外语口语，还可以放松身心、消除紧张情绪、减轻生活压力、避免各类慢性疾病等。医学研究发现，经常接触音乐节奏、律动会对人体的脑波、心跳、肠胃蠕动、神经感应等产生某些作用，进而使人身心健康。音乐无形的力量远超乎个人想象，所以聆听音乐、鉴赏音乐是现代人极为普遍的生活调剂。

2．主要内容和运作模式

歌手大赛通过广泛宣传进行全校海选；复赛设置PK环节，最终确定决赛人选，进行终极对决。演出形式避免单一，要全面展示歌曲特征和舞美效果。

3．开展成效

通过歌唱比赛的方式，增加了同学们对音乐与外语的热爱，让同学们接收到了语言文化的熏陶，进一步深入了解外国文化及其深远背景，促进了个人在生活上的交流和融合，有助于营造青春和谐"相互促进，相互交融"的文化氛围。

【工作案例 46】

成都航院社团科技文化周

名　　称：成都航院社团科技文化周

时　　间：2012年开始，每年3—5月

主办单位：成都航院团委、学生社团联合会

群体类别：全校师生

引导路径：文化活动

1. 基本创意

为了提高校园文化生活质量，搭建社团成果展示平台，表彰优秀社团及个人，加强学生互相交流的纽带，促进我校学生的文化交流。提高学生个人素质及创新能力，丰富学生各项文化知识，体现学生社团的文化底蕴，鼓励学生及社团积极展示自己，举办社团科技文化周。

2. 主要内容和运作模式

科技文化周包括比赛类、艺术类、展示类、讲座类等各项活动。其中球类比赛将在比赛专用场地举办，艺术类比赛将在学生活动中心以晚会形式举办，展示类活动将在学校主干道开展，讲座活动将在多媒体教室邀请专业老师举行。

（1）前期准备（每年3月10日—4月中旬）：

此阶段完成科技文化周策划，文化周各项活动的时间安排调动，宣传活动的准备及各项赛事的前期比赛等工作，以及闭幕式晚会节目的筛选、排演。

（2）活动宣传（每年4月下旬—5月3日）

此阶段主要完成科技文化周的各项宣传工作，编写宣传稿件，设计及制作宣传海报等工作，准备开幕式作品展示。

（3）活动开展（每年5月4日—5月上旬）

完成各项比赛类、讲座类、展示类等活动，优秀社团及个人颁奖，记录并保存相关资料。

（4）活动收尾及闭幕式晚会。

3．开展成效

科技文化周发展、发掘、展现我校学生的科学精神风貌和文化风采，提升了大学生的交际能力与实操能力，让大学生不再拘泥于课堂、课本，懂得展现自己的闪光点。

【工作案例47】

"成航杯"足球赛

名　　称："成航杯"足球赛

时　　间：2004年开始，每年3—5月

主办单位：成都航院团委、足球工作小组

群体类别：大一、大二、大三学生

引导路径：文体活动

1．基本创意

在课业繁忙的当下，为了丰富同学们的第二课堂生活，加强我校足球事业的发展，提高我校学生对足球的热情和运动水平，同时增强本校学生的凝聚力，加强新老生间的交流，促进各班间的友谊，展示我校的运动风采，举办"成航杯"足球赛。

2．主要内容和运作模式

（1）本次比赛分为两个阶段：第一阶段为小组赛，采取单循环赛制；第二阶段为半决赛及决赛，采取淘汰赛制。

（2）第一阶段比赛时，9支参赛队共分为3个小组，由组委会依据特长生队员数及上届"成航杯"成绩确定种子队；然后通过抽签进行归位及其他各队分组；小组赛采取单循环积分制，胜者积3分，平局各积1分，负者不积分；各组积分最高的队伍，A组第一（D1）、B组第一（D2）、C组第一（E1）和3个小组中积分最高的小组第二（E2）晋级下一阶段淘汰赛。若出现积分最高小组第二同分的情况，则净胜球数多者晋级；若净胜球数相同，则进球数多者晋级；若进球数相同，则抽签决定晋级队伍。

（3）第二阶段比赛由晋级队伍进行单回合淘汰赛，半决赛以小组赛相遇过的队伍不再碰面为原则抽签决定对阵关系，负者进行季军争夺，胜者进行冠军争夺。

3．开展成效

足球赛取得了良好的成效，获得了广大师生的一致好评。活动在愉快热烈的氛围下展开，各二级学院代表队意气风发、斗志昂扬，在绿茵场上挥洒热血、奋发向上，展现了成航学子蓬勃的朝气与拼搏的竞技精神。为期近两个月的赛事，考验了各队参赛队员的实力、体力和身心；同时，比赛过程中，队员精湛的球技也赢得了现场观众热烈的掌声和喝彩。此次比赛观众数达到1 100多人，学生会工作人员每场达到40人，突破以往各届。

【工作案例48】

读书分享活动

名　　称："我读书，我快乐"读书分享活动

时　　间：2017年11月21日

主办单位：成都航院士官管理学院团总支、学生会

群体类别：青年大学士官生

引导途径：文化活动

1．基本创意

"书籍是人类进步的阶梯。"生活里没有书籍，就好像大地没有阳光；智慧里没有书籍，就好像鸟儿没有翅膀。一本好书就是一位好老师，它可以塑造一个完美的灵魂。"有灵魂"不是与生俱来、天然就有的，而是靠长期不懈的学习实践历练出来的。当才华还撑不起雄心，那就静下心来读书。读书虽然不能帮我们解决问题，但是它能给我们一个更好的视角。本次活动的开展旨在为同学们提供一个交流、分享的平台，同时锻炼同学们的语言组织能力和表达能力。

2．主要内容和运作模式

读书分享活动前期主要由学生自主报名，并制作相应的读书PPT，到比赛时进行演讲。

宣传工作：前期在QQ上进行宣传，让同学们了解活动时间和规则。活动过程中由宣传部进行拍摄宣传，并推送到QQ、微信、易班上。

比赛形式：一是阅读理解。阅读后对本书的理解、感悟，结合自身来做出分享（须运用PPT、音频等多媒体技术，时间3~4分钟）。二是分享

感悟。找出书中让你最感动，或者你感觉最好的一段或一章节进行分享。可结合自身成长经历，配合音频等多媒体来朗诵，带着最朴实的情感，读出文字中的思想、内涵和价值（须运用PPT、音频等多媒体技术，时间3~4分钟）。

3．开展成效

本次活动丰富了同学们的课余生活，为同学们提供了一个交流分享的平台，同时锻炼了同学们的语言组织能力和表达能力，提高了同学们对生活的认知与思考，营造出良好的读书氛围，让大家积极主动参与到学习中来，引导同学们全面发展。

【工作案例49】

三月"女生节"系列活动

名　　称：三月"女生节"系列活动

时　　间：2015年至今，每年3月

主办单位：成都航院管理学院团总支学生会女生工作部

群体类别：青年女大学生

引导途径：文化活动

1．基本创意

"女生节"为女大学生们提供了学习和锻炼的平台，丰富了校园生活，体现了学校尊重女生、关爱女生的风尚，促进男女同学间真挚地交流。通过一系列"女生节"的活动，发掘女生才干，活动既生动有趣，又有一定的启发意义。而"女生节"更重要的意义在于彰显新时期女生自尊、自强、自爱、自信的风采，引领我校女生成长成才，同时引导广大女生更多地关注自身的道德修养、文化内涵与心理健康，提高综合素质的，帮助女生正确看待和审视自己，在未来的道路上能够洋溢自信与热情。希望活动带给她们一些创新的、有价值的收获，让校园里因为有女生的存在变得格外绚丽。

2．主要内容和运作模式

三月"女生节"系列活动从前期策划、宣传活动、比赛到活动闭幕共历时一个月，该系列活动包括"心愿和你""诗情画意""海报大赛""最美女神"。每年都有超过500名同学的广泛支持和积极参与，并且活动还受到了"四川女性"官方微博的高度重视。

宣传工作：前期宣传采用了文件通知、海报宣传、走班宣传、易班宣传、新媒体宣传等方式，使同学们充分了解活动内容、活动时间、比赛要求及细则。"女生节"期间，各班女生委员做好紧密联系，了解各班参与活动情况，促进活动进一步开展，并在新媒体上实时跟踪宣传。

作品选拔：各班作品由女生委员收集，由女生工作部进行筛选，最终确定参赛作品。参赛作品获奖名次通过在生活广场摆摊投票、微信通票、老师投票三方共同选出，以确保同学们在公平公正的环境中展现出自己的才艺和能力。

3．开展成效

三月"女生节"系列活动得到了学校师生的积极响应。例如2018年的"心愿和你"参与人数287人、"诗情画意"参与人数114人、"海报大赛"参赛人数47人、"最美女神"参赛人数24人，共计472人（其中"海报大赛""最美女神"在微信平台投票人数分别为415人、1691人），参与人数同比增长38.41%。"海报大赛"更是吸引了信息工程学院等学生参赛。活动举办反响良好，涉及形式、人员广泛，得到了全院师生的一致认可。因此，三月"女生节"系列活动成为管理学院的一张特色名片。活动展现当代女生的活力与青春，营造青春活力的校园氛围，建设和谐生动的校园文化，为广大女生提供展示自我的舞台；为学校所有在校女生提供了最贴心服务，在校园里形成尊重女生、关爱女生的良好风气。通过这些温馨的、活泼而有趣的集体活动，加强了男女同学之间的交流与沟通，使男生女生之间能够互相了解彼此，在校园里营造了健康积极的氛围。

【工作案例50】

"书香制造"平台读书活动

名　　称：书香制造

时　　间：2016年至今

主办单位：成都航院机电工程学院团总支

群体类别：机电工程学院学生

引导途径：文化活动

1．基本创意

书籍是全世界的营养品，是人类进步的阶梯，是人类知识的传承工具。读书不仅可以开阔眼界、增长知识，还可以陶冶情操、修身养性，更可以通过书籍了解前人的成就，让我们在人类文明的道路上走得更远。当代的大学生应该是21世纪的新时代人才。阅读是一种提升综合素质的方法，我们应该培养良好的阅读习惯，找到正确的阅读方法，提高阅读品位。

2．主要内容和运作模式

读书笔记分为四个环节：作品概览、品读之路、精彩摘录、年度颁奖仪式。

作品概览：为自己所阅读的书籍写一个内容简介（不少于500字）。

品读之路：写出自己对所阅读的书籍的心得体会与感悟（不少于500）。

精彩摘录：摘抄原文精彩语录（不少于500字）。

年度颁奖仪式：一方面，奖励"书香制造"阅读优秀个人；另一方面，分享阅读书籍的心得感悟，使同学们在活动中能有所收获。

3．开展成效

通过自己阅读书籍在"书香制造"网络平台撰写读书笔记的方式，培养了同学们课外阅读的习惯。在2016—2018年，"书香制造"网络平台共计收录7 756次读书笔记，评论量高达90 380条，读书笔记合格率为95%。在培养同学们良好的阅读能力与正确阅读方法的同时，提高了同学们的阅读品位，在全校掀起了阅读的浪潮。

【工作案例51】

摄影、演讲大赛

名称：摄影、演讲大赛

时间：2017年至今，每年5月

主办单位：成都航院管理学院团总支学生会宣传部

群体类别：全校青年大学生

引导途径：文化活动

1．基本创意

为展现学生们的文化艺术修养，发扬学校重视培养学生各项技能、特长的优良传统，鼓励大学生创新，赋予摄影新的内涵，给热爱摄影的同学提供一个展现自我的全新舞台，管理学院团总支学生会宣传部每年 5 月开展摄影演讲大赛。此活动能丰富校园生活，展示大学生的风采，体现大学生积极向上的精神风貌；全方位、多元化地为热爱摄影的才子才女们搭建学习摄影、展示摄影作品的平台，同时也锻炼了同学们敢于上台演讲的勇气和语言思维的能力，促进同学们的个人发展。

2．主要内容和运作模式

活动紧紧围绕"故事，讲述，叙述"的主题，"亲情，友情，爱情，万物之情"的类别，在全院范围内征集作品。在这个信息化时代，我们利用 QQ、微信、易班等平台进行线上宣传，利用校园生活广场摆摊、早晚自习走班、海报等方式进行线下宣传，并联系各二级学院宣传部以及学校团委组织进行联动宣传。

同学们准备好作品后，只需将作品所需信息放入 word 文档，并以压缩包的方式发送至管理学院宣传部干事处。初赛一般定在晚自习时间，进行现场试讲，并于第二天在校园生活广场摆摊展示作品；投票选出前 11 名同学的作品进入决赛，并抽签决定决赛上场顺序。决赛在两周后的图书馆大报告厅举行。在此期间，选手们可进行决赛演讲 PPT 展示，完善自己的演讲内容等。决赛当天，管理学院宣传部提供激光笔，选手们依次上台进行作品展示及演讲，以在场所有观众进行 QQ 群投票及评委老师打分的方式，确定获奖名次。

3．开展成效

活动不仅得到了本学院同学们的积极响应，还有其他各学院的同学积极参与，对于丰富大学生生活起到良好作用，激发了同学们对摄影的自我创新意识。摄影演讲比赛锻炼了同学们的语言表达能力，有利于他们提升自我、突破自我；促进了学校多元文化的开展，给予了同学们更多锻炼自己的机会。

【工作案例 52】

书画摄影征文大赛

名　　称：书画摄影征文大赛

时　　　间：2010 年 11 月

主办单位：成都航院汽车工程学院团总支

群体类别：青年大学生

引导路径：文化活动

1．基本创意

为提高学生审美素养，展现当代大学生良好的精神风貌，并充实广大师生的校园生活，举办学校书画摄影征文大赛。在提高学生审美素养的同时，展示校园的独特风采，使学生更加深入地了解学校的风景以及自己和成航之间的故事，展示学生和成航之间的感情，让学生通过参与比赛来锻炼自己，同时加深对学校的留恋，用文字来展现每一个小故事的精彩内容。

2．主要内容和运作模式

本着开阔学生视野、促进校园文化建设、培养学生审美素质的目的，针对同学们各自不同的才能，从书法、绘画、摄影、征文四个方面来开展比赛，希望每一个同学都分享一下自己与航院的故事，锻炼与培养自己的才能。同时，比赛并不意味着简单地制作一份作品，还需要在评选当日对作品创作给予现场解读，使评委能够更好地理解作品的含义。

3．开展成效

本活动丰富了学生的课余生活，开阔了学生视野，促进了校园文化建设，提高了学生的审美素质，让大学生在进入校园时就发挥自己的才能，把自己的爱好转化为成果。让学生能够在闲暇时刻发现成航的美丽，有一个属于自己和成航的故事。同时，让学生在沉默枯燥的书本文字学习之外，有一个放松自己、溶于真情与成航美景的机会。

【工作案例 53】

学生痕迹管理系统

名　　　称：学生痕迹管理系统

时　　　间：2016 年至今

主办单位：成都航院航空工程学院团总支

群体类别：青年大学生

引导路径：制度规范

1. 基本创意

为了培养出适合现代发展、德智体美劳全面发展、符合企业要求的高素质技术技能人才,提高学生学习和工作的积极性,培养学生的责任意识、诚信意识、团队意识和合作意识,使学生获取更多层面的知识,提高整体素质,增强团队成员沟通及协作能力,拓展思维、增强互信,结合本学院实际,利用信息技术实施学生痕迹管理。

2. 主要内容和运作模式

痕迹管理是指在学生日常工作中,对学生在大一到大三各个阶段中的各类奖惩记录的记载与量化。它既是学院档案、奖惩及工作资料管理的需要,明确各班人员评优选先的依据,也是对学生在校期间表现的综合、客观、全面的展现。系统用于记录、查看和跟踪学生在校的学习生活、课余实践以及身心健康等方面的情况,方便学校、家长、企业等对学生在校情况进行了解,有利于校风建设、口碑建设,也是对学生在校学习的负责。

考核主要从学生的诚信考核(如早操情况、作弊情况、处分和表彰等)、执行力考核(如课堂纪律、集体活动、出勤情况和内务情况等)、团队考核(包括寝室、班级和学院等)、技能考核(包括理论学习、普通话证书、等级考试、文艺体育类比赛状况、参加各级各类竞赛、军校党校、国家或者行业组织的技能等级考核、实践能力)以及健康考核(身心健康等)等五个方面进行。

痕迹管理系统的特点有:① 培养学生的自我管控能力;② 用数据分析学生的成长变化;③ 体现专业特色,强调细节,注重实践。

3. 开展成效

痕迹管理系统的使用,让同学们更深刻地认识到作为一个学生应具备的素质与条件,从而促进学生全面地发展。

(二)时尚吸引

大学生是社会时尚的积极追求者和创造者。借助和融入时尚,有助于增强思想引导工作对大学生的吸引力。要努力将时尚元素注入各种思想引导活动中来,使这些活动更具有时代感,更为大学生喜闻乐见。要利用时尚手段,借鉴文化衫、"MSN 中国红心"、微笑圈、环保手绢等方式,将思想引导内涵物象化、具象化。要积极借助大学生喜爱的"明星"、社会名人传递思想引导的内容。

【工作案例 54】

意动你我，"衫"耀成航

名　　　称："最炫文化衫"大赛

时　　　间：2012 年至今

主办单位：成都航院团委、书画协会、插画协会

群体类别：青年大学生

引导途径：时尚吸引

1．基本创意

本次大赛旨在通过个性鲜明的文化衫创作，积极开拓学生想象空间，挖掘成航学子的艺术潜力与创意，培养同学们的艺术修养和创新能力，引领树立青春独立、朝气蓬勃的大学生形象，展现创新自信、活泼互动的大学生风采，同时也为热爱绘画创作的广大学子提供一个沟通交流、激发潜能、彰显个性的平台，让同学们在比赛中提高审美情操、收获友谊，并促进学院多元文化的合作与发展。

2．主要内容和运作模式

文化衫设计大赛从前期策划、宣传报名，到初赛、决赛，历时近一个月，获得同学的广泛支持与积极参与。

初赛不限主题，创作内容由参赛者自由发挥，作品征集期间参赛选手可将自己完成的作品交于团委办公室，由相关工作人员收集并做好登记，择日由大赛评审团（插画协会会长、书画协会会长、学生会干部代表、团委指导老师）选出 30 份优秀作品，确定入围决赛的名单。

决赛由团委统一提供画笔、颜料、调色盘及文化衫，决赛选手以限定主题进行现场作画，时间为两小时。选手完成作品后，逐个对画作及设计理念进行阐述，由现场观众及评委根据自己对作品的喜爱程度进行现场投票，以票选结果确定获奖名次。

3．开展成效

文化衫大赛不仅点燃了同学们的创作激情，也展示了成航学子的动手

能力和审美情趣，彰显了他们的个性魅力和创新思维，体现了同学们多才多艺的综合素质，同时营造了浓厚的校园文化氛围，为推进我校精神文明建设做出了一份贡献。

【工作案例 55】

"低碳之路，绿色兑换"活动
——为环境我们不断呼唤

名　　称："低碳之路，绿色兑换"活动

时　　间：2011年至今，每年10月

主办单位：成都航院机电工程学院团总支

群体类别：青年大学生

引导途径：时尚吸引

1．基本创意

随着社会经济的迅猛发展，各种资源在开发的同时也在不断地减少。在日常生活中，资源浪费的现象也日益严重，"低碳、环保"已经成了当今的时尚主题。为了进一步营造文明、文化、健康、和谐的校园生活环境，培养同学们的环保意识，增进人与人之间的关怀、友爱之情，以可回收垃圾兑换盆栽的形式呼吁更多的同学参与垃圾分类、关注环保、关爱地球。

2．主要内容和运作模式

活动主要分为两个阶段：

盆景展示：上午9:30—12:00在食堂门前进行盆景展示。活动请来商家为大家提供了吊兰、生肖宝贝、长发恋人、开心农场等近400盆绿色盆栽。其间，活动组织者还别出心裁地穿插了"互动环保"的趣味小游戏，将"垃圾分类、水资源保护、生物多样性、垃圾分类"等环保知识融入其中。同学们在快乐的氛围中体验着游戏，同时妙趣横生的游戏有效地传达了环保知识。

绿色兑换：中午12:30开始兑换活动。同学们提着一包包废弃塑料瓶和废旧纸张等来到展位前，通过一个个点数、换算，最后兑换成等值的绿色盆栽。同时，工作人员还耐心地为大家讲解了绿色盆栽的培育方法，并号召更多的同学们加入绿色兑换的行列。

3．开展成效

通过开展绿色兑换活动，提高了同学们的垃圾分类意识，美化了生存空间和校园环境，进一步引起同学们对环境保护事业的关注，使可循环物品得到了充分利用，积极促进了资源节约型校园、环境友好型校园、绿色和谐校园的创建，同时也为环保创新提供了新的展示平台。

七、情感升华

路径释义：针对大学生情感较为丰富的特点，通过培养与大学生的深厚感情，以及为思想引导主题创设适当的情感意境等方式，让大学生在情感活动中升华思想认识。

情感感召：情感是社会关系的润滑剂，也是思想认识的强化剂。高校团干部要努力靠自身素质和人格魅力，靠与大学生有效沟通、联络和为他们服务，赢得大学生的信任和友谊。要善于抓住契机、制造场景、营造氛围，对大学生进行情感激励、情感抚慰和情感感召，借助情感激发的力量，努力使大学生在对有关问题的思想认识上达到新高度。

【工作案例56】

"念师恩，感谢有你"教师节主题征文比赛

名　　称："念师恩，感谢有你"教师节主题征文比赛
时　　间：2012年9月至今
主办单位：成都航空职业技术学院团委
群体类别：青年大学生
引导路径：情感感召

1．基本创意

为搭建学生抒发敬师情怀、感谢师恩和祝福母校的平台，举办感念师恩征文活动。活动针对学校全体同学，征集文章以感念师恩为主题，文体不限，目的是让同学们怀着一颗感恩的心去发现身边的感动，用自己的语言发自内心地去歌颂自己的恩师。与此同时，也为师生之间架起一座沟通的桥梁，借此活动进一步促进师生的情感交流。

2．主要内容和运作模式

紧紧围绕"念师恩，感谢有你"的主题，在全校范围内征集文章，由评审小组（团委老师及党委宣传统战部老师）对同学们的文稿进行评选。对于优秀的文章，由校团委为该作者颁发奖状，并将优秀文章刊登在校刊《成航青年》中，以展现学生风采。

宣传工作：由各学院宣传部进行宣传工作，再由各二级学院团总支学生会向各班做宣传，确保宣传到位，准备充分。

活动开展：要求有意愿的同学将自己的文章以电子稿的方式发到校团委邮箱，或者以手稿的方式递交到院团委。校团委评选后以张贴红榜及团委网站公告的形式公示获奖名单，并颁发奖状。

3．开展成效

活动得到了同学们的积极响应，涌现了大批展现师生情谊的优秀文章，充分展现了师生之间的深厚感情，对于进一步促进老师与同学之间的深层交流起到了良好的作用。通过这次"念师恩，感谢有你"教师节主题征文比赛，很好地对大学生进行情感激励、情感抚慰和情感感召，借助情感激发的力量，使大学生能怀着一颗感恩的心去发现身边的感动，对尊师重教在思想认识上达到了一个新高度。

【工作案例57】

"青春民航遇见你"心理剧活动

名　　　称："青春民航遇见你"心理剧活动

时　　　间：2011年5月至今

主办单位：成都航院民航运输学院团总支、学生会

群体类别：青年大学生

引导路径：情感感召

1．基本创意

为提高全院同学的心理素质和自我调适能力，推动学校心理健康教育工作的发展，举办"青春民航遇见你"心理剧活动。活动针对学院全体大一大二同学，征集以"演绎青春，触动心灵"为主题的心理剧，目的是让同学们怀着一颗感恩的心去发现身边的感动，用自己的行动和语言去发自

内心地领悟剧中的道理。学生们通过演戏的方式来表达自己的情感，释放内心隐藏的矛盾与冲突，释放压力。剧中融入心理学的知识以及教育技巧，让学生表演发生在他们身边的熟悉的，甚至是亲身经历的事，从中体验心理的变化过程，领悟其中的道理，借此活动进一步促进同学们的心理健康，升华同学们的情感。

2．主要内容和运作模式

紧紧围绕"演绎青春，触动心灵"的主题，在全院范围内征集心理剧，由李扬老师对同学们的心理剧进行评选。对于优秀的心理剧，由学院为该团体颁发奖状，并推送到微信公众号上，以展现学生风采。

宣传工作：由宣传部进行宣传，再由团总支学生会和心理委员向各班做宣传，确保宣传到位。

活动开展：李扬老师公布最终参赛班级，以现场和微信公众号公告的形式公示获奖名单，并颁发奖状。

3．开展成效

此次活动得到了同学们的积极响应，涌现了很多优秀的心理情景剧，充分展现了同学们的心理情感，促使同学们进一步认识自我、感悟自我、升华自我。这次心理剧活动的举办，使大学生能怀着一颗感恩的心去发现身边的感动，用自己的心去搭建心灵的桥梁。

【工作案例 58】

"5·25 心理活动月"

名　　　称：5·25 心理活动月

时　　　间：2010 年 5 月 25 日至今

主办单位：成都航院团委、学生会心理部

群体类别：全校师生

引导路径：情感感召

1．基本创意

加强校园文化建设，促进学校学生的心理健康，使同学们能够更好地认识自我、发展自我，促进个人身心的和谐发展，增强学生相互关怀与合作的意识，更好地关注自己的心理成长并学会感恩他人，开创健康的人生和未来。

2．主要内容和运作模式

活动分为开幕式和闭幕式，以及各二级学院内部的具体组织活动。

活动开幕式时，由各二级学院推选各类节目进行表演，各二级学院组织学生参加；心理月，主要以班级团日活动、互动游戏、宣传栏等形式展开，意在用生动丰富的活动给同学们以心理健康教育，帮助大学生分析心理状态，分享促进心理健康的方式方法，展示大学生的创造力，促进大学生心理健康发展；活动闭幕式时，举办话剧表演大赛，由各二级学院推选话剧进行参演，学校老师评分；闭幕式最后，将颁发优秀心理委员，以及心理委员结业证书。

3．开展成效

心理活动取得了很大成效，活动期间形式多样的教育宣传活动，使广大同学了解了心理健康的有关知识，形成了人人重视心理健康、关注心理健康的良好氛围，为我校心理健康教育工作的进一步深入开展创造了有利条件。同时，丰富多彩的活动使更多学生认识到关注心理健康的必要性，消除了对心理咨询的误解和偏见，从而更愿意主动寻求老师的帮助。

【工作案例59】

父亲节"三行情书"主题征文比赛

名　　称："我写情书献父亲"主题征文比赛

时　　间：2017年至今

主办单位：成都航院机电工程学院团总支

群体类别：青年大学生

引导路径：情感感召

1．基本创意

在每年父亲节即将到来之际，为弘扬中华民族传统美德，拉近父子/女之间的感情，提高我院学生文学素养，机电工程学院团总支组织开展该项活动，积极鼓励机电工程学院学子针对父亲节写下"三行情书"，表达对父亲的感恩之情。活动目的是增进学生与父亲之间的感情，回味与感受父爱的温馨与父亲关怀。同时，通过开展文学类活动，提高同学们的文学素养。

2．主要内容和运作模式

紧紧围绕"我写情书献父亲"的主题，在全院范围内征集文章，在易班平台以投票评选的方式对同学们的文稿进行评选。

宣传工作：通过机电工程学院的官方QQ、官方微信及易班总账号进行线上宣传，并通过张贴海报以及走班的方式进行线下宣传。

活动开展：要求有意愿的同学将自己的文章以电子稿的方式发送到机电工程学院官方QQ。经易班平台投票，选出优秀作品进行展览，并颁发奖状。

3．开展成效

活动得到了同学们的积极响应，涌现了大批"我写情书献父亲"的优秀文章，充分展现了父子/女之间的深厚感情，使作为儿女的大学生对父亲的印象有了更加深刻的体会与认知。通过"我写情书献父亲"父亲节三行情书主题征文比赛的举办，很好地对大学生进行了亲情激励、亲情抚慰。借助亲情激发的力量，使大学生能怀着一颗感恩的心去面对父亲，对舐犊之情在思想认识上达到一个新高度。

【工作案例60】
"爱我国防"大学生演讲比赛

名　　称：士官管理学院2018年"爱我国防"大学生演讲比赛

时　　间：2018年6月至今

主办单位：成都航院士官管理学院团总支、学生会

群体类别：青年大学生

引导途径：文化活动

1．基本创意

以"传承红色基因，汇聚强军力量"为主题，着力激发大学生传承红色基因、赓续红色血脉、热爱人民军队、矢志强国强军的政治热情。

2．主要内容和运作模式

（1）结合学习贯彻党的十九大精神，抒发对中国特色社会主义进入新时代的理解感悟；

（2）结合学习贯彻习近平新时代中国特色社会主义思想和习近平强军思想，抒发对实现中国梦、强军梦的理解感悟；

（3）结合讲述近代以来仁人志士为中华崛起而奋力求索的事迹，抒发传承红色基因、用青春报效祖国的理解感悟；

（4）结合讲述人民军队筚路蓝缕的发展历程，抒发对我军光辉历史和新时代职能使命的理解感悟；

（5）结合讲述参加学生军训或参军入伍的实践体会，抒发对火热军营和青春热血的理解感悟；

（6）结合讲述情系国防、献身国防的身边典型事迹，抒发对关心支持国防和军队建设的理解感悟。

3．开展成效

组织开展"爱我国防"大学生主题演讲大赛，是贯彻落实习近平新时代中国特色社会主义思想和党的十九大精神的具体举措，是深入推进高校国防教育的重要活动，是有效激励广大大学生热爱国防、崇军尚武的生动实践。活动非常有助于士官生为实现中国梦、强军梦凝聚力量。

八、服务渗透

路径释义：针对大学生的学习、成长需求和在学习、生活中面临的实际困难，在积极满足大学生成长愿望、帮助大学生排忧解难的过程中，渗透社会主流价值观。

社会化技能培养：培养大学生适应未来职业生涯所需要的社会化技能，是团组织增强对大学生吸引力的重要渠道，也是向大学生传递正确思想观念的重要路径。充分运用大学"第二课堂"，邀请一批大学名师和业界、社会知名人士指导，广泛开展各种学习培训、学术演练、素质拓展、技能提升等活动，并在这些活动中渗透积极的思想准则，使大学生既养成适应学业和未来职业发展所需要的技能，又树立积极向上的思想追求。

【工作案例61】

航空技能装配大赛

名　　称：航空技能装配大赛

时　　间：2010年5月至今

主办单位：成都航院航空工程学院团总支

群体类别：青年大学生

引导途径：社会化技能培养

1．基本创意

随着近些年我国航空业的迅猛发展，民用航空和军用航空对机务维修人员的需求迅速增加。为了培养符合民用航空和军用航空标准的机务维修人才，我院在开展日常的学习工作以外，有针对性地辅以专业知识讲座和专业技能竞赛，以达到巩固学生的专业知识和提高操作能力的目的。这种摆脱了单一、枯燥的教学方式，以开展符合航空特色的精品活动的形式，积极创新，提高专业教育的实用性和有效性，丰富活动内涵，采用团队合作、自主创新等方式全面提高学生的综合素质。

2．主要内容及运作模式

（1）宣传工作。在信息渠道广阔的今天，同学们可以通过各种方式收集到自己想要的各种信息。基于这一点，学院采用了以海报宣传、LED 宣传为主，口头宣传、贴吧宣传、网站宣传、现场咨询等为辅的宣传方式。这样不仅能使同学们了解竞赛要求及细则，也让全院师生对活动有所了解，及时跟进竞赛最新的消息。

（2）报名工作。学院充分利用了网络资源，通过在网络上发布报名信息表以及在学校主要地段设置报名点等方式，同学们可以方便快捷地报名参加技能竞赛。学院还分别成立了两个小组对报名资料进行整理，争取把参赛时间和参赛地点最大限度地通知到每一位参赛的同学。

（3）比赛。在比赛方式上，紧紧依托专业教研室的老师作为技术指导，采用"工单操作，现场评比，小组竞赛"的方式，进行了户外+户内的紧张比赛，并最终评出了符合行业技能要求的优胜选手。

3．开展成效

航空技能装配大赛以"教学工作推动学生工作，学生活动促进教学工作"为宗旨，以提高学生团队协作意识和自身职业素养为目的，围绕航空装配技能开展，获得了广大师生的一致好评。学生表现出了极大的热情和学习积极性，竞赛中所展现出来的问题有针对性地为同学们学习指明了方向，更有利于他们提升自我、突破自我。在竞赛中所展现出来的团队合作精神和应急能力，都体现出同学们良好的心理素质和职业素养，比赛过程中的问题也为教师教学提供了教学案例，真正实现了"寓教于乐，教学相长"。

【工作案例62】

计算机信息服务公司

名　　称：计算机信息服务公司

时　　间：2011年2月至今

主办单位：成都航院信息工程学院团总支

群体类别：青年大学生

引导途径：社会化技能培养

1. 基本创意

成立计算机信息服务公司，通过实质性工作拓展专业、提升技能、服务师生。建成具备真实企业运营环境，具影响的校内大学生创业、实践基地，借以带动全院学生热爱专业学习、服务学院教育教学改革与发展。

2. 主要内容和运作模式

计算机信息服务公司与其他公司一样，有完整的组织架构。公司设立有总经理，下设网络事业部、软件事业部、图形图像事业部。每个事业部有专业指导教师1~2名，负责学生的专业培训和业务指导工作，每学期根据学生的专业情况设置不同的提升专业的课程。在每个学期的专业拓展培训中，以实际的专业业务作为载体，培养和加强同学们的实际业务能力。

3. 开展成效

通过成立计算机信息服务公司，以培养同学们热爱专业学习、服务更多同学的理念，提升并拓展了同学们的专业能力。借助计算机信息服务公司，训练并锻炼了越来越多的同学，给予了学生在校即顶岗公司岗位实践锻炼的机会。

【工作案例63】

成航"三下乡"社会实践活动

名　　称：成航"三下乡"社会实践活动

时　　间：2013年开始，每年7月

主办单位：成都航空职业技术学院团委

群体类别：青年大学生

引导途径：社会实践体验

1．基本创意

实践是思想认识的源泉和归宿。广大青年学生应走入基层、深入群众，积极投身于社会实践之中，激发广大青年学生成才报国的责任感和使命感，促进青年学生增长见识、施展才华、磨炼意志、砥砺品质。让更多的同学通过"三下乡"活动接受社会实践教育，培养和提高大学生的社会实践能力和社会公德意识，使他们发展成为高素质、有觉悟的合格社会人。

2．主要内容和运作模式

校团委充分发挥团组织实践育人的优势，积极创新社会实践和志愿服务渠道，主动与区域对接、了解需求，加强校地合作，形成合力。团委先后在金堂县隆盛镇、土桥镇、又新镇、竹篙镇，中江县石垭子村，大英县回马镇，龙泉驿长远社区、东山国际社区、芦溪河社区，以及精准扶贫的茂县等相关村镇建立社会实践与志愿服务基地，定期开展科普宣传、义务家教、儿童陪护、普法惠民、慰问关爱、文艺演出等志愿活动，努力缓解当地留守儿童亲情关爱缺失、家庭教育缺助、成长发展缺导、安全健康缺护等问题，并使参加社会实践活动的同学得到实践教育与锻炼。

3．开展成效

2013年至今，学校先后组织了100余支"三下乡"志愿分队赴基地开展暑期志愿服务，并多次获评"成都团市委暑期关爱留守学生特色项目"。其中，"三下乡"社会实践竹篙分队、又新分队荣获"团中央2017'镜头中的三下乡'活动优秀视频奖"；隆盛分队在"线上'三下乡'，扶贫我先行"中荣获优秀新媒体传播团队入围奖。经过多年的实践探索，我校的暑期社会实践"三下乡"活动，已经形成了制度化、规范化、阵地化的活动体系，呈现出社会实践活动参与面广、特色鲜明、机制成熟、成效显著的特点，取得了服务农村、关爱留守儿童和青年学生"受教育、长才干、做贡献"的双丰收。

【工作案例64】

校园影视配音大赛

名　　　称：校园影视配音大赛

时　　间：2015年4月至今
主办单位：成都航院学生社团联合会
群体类别：大一、大二学生
引导路径：社团实践体验

1．基本创意

语音模仿对语言学习有着巩固基础与运用提高的效果。正确的发音与自然的语调是理解别人语言与表达自己思想的关键，而趣味学习又是提高效果的主要因素。语言学家一致认为语音语调的模仿是学好地道语言的有效方法。影视配音兼趣味性、学术性于一体，能激发语言学习者的兴趣，促进学习效果的提高。

2．主要内容和运作模式

通过配音大赛这种独具魅力的方式，来锻炼广大学生的语言能力，彰显语言的魅力，让参赛者在轻松中展现口才与临场能力，尽展青春风采，以展现航院学子朝气蓬勃、积极向上的精神风貌，推动校园精神文明的进步。

大赛分初赛、决赛两个阶段开展。通过主题电视和电影片段配音，以及方言模仿、情景还原、演技大比拼等环节进行层层闯关。

3．开展成效

本次配音大赛为爱好配音的同学提供了一个展示自我的舞台。通过配音大赛这一独具魅力的形式来锻炼提高学生的语言能力，彰显语言文化的魅力；在回味优秀作品的同时，也给大家带来了温暖与感动。

【工作案例65】

航空模型大赛

名　　称：航空模型大赛
时　　间：2016年4—5月至今
主办单位：成都航院通用航空学院团总支、航空工程学院团总支
群体类别：青年大学生
引导路径：社会化技能培养

1．基本创意

随着航空产业的发展，航空类专业受到社会和广大考生的关注，无论是航空类院校还是企业，都高度重视学生航空文化的培育。作为学生学习

航空文化、传承航空文化、创新航空文化的载体，航空模型比赛成为不二之选。在此基础上考虑辐射面的广度和深度，针对全校学生开展公开组和专业组比赛，培养广大学生的航空兴趣，提升航空类专业学生的专业技能。

2．主要内容和运作模式

比赛前期在全校范围内开展宣传，通过海报、微信、微博、QQ等多种渠道进行宣传，吸引广大学生的关注和参与。利用互联网报名快速统计和汇总参赛人员准确信息，为比赛建立专属QQ群，由专业指导老师全程为选手提供指导和疑问解答，也方便选手之间的交流和学习。同时，比赛前由专业老师开展培训和规则讲解，提升学生的学习热情，降低学习难度。

比赛中由专业老师进行现场的工作安排和指导，保证公开组、专业组比赛的公平性和正规性，无论是航空类专业学生还是非航空类专业学生都能在比赛中获得成长和学习。

比赛后及时发布比赛结果，由专业老师进行点评，进一步深化学习效果，同时在全校范围内举行专场颁奖仪式。

3．开展成效

航空模型大赛的开展为航空类专业学生和有航空兴趣的非航空专业学生提供了同台竞技和学习的机会，也让非航空类专业的学生有了学习航模的机会和经历，极大程度地推进了学校航空文化建设进程，提升了学生的航空报国情怀和学习热情，广泛宣传了航空相关知识；同时，专业组的比赛吸引了校企合作单位的关注，这些单位现场选拔人才进入公司实习。

【工作案例66】

三维建模比赛

名　　称：三维建模比赛

时　　间：2010年至今

主办单位：成都航院机电工程学院团总支

群体类别：在校学生

引导途径：社会化技能培养

1．基本创意

提高产品的技术含量和设计水平，加大设计成本所占产品价值的比例，成为中国企业必须解决的首要问题,掌握三维建模方法已经成为每个工程师必须具备的一项技能。作为学习机械制造专业的当代大学生,更应该熟练掌握三维建模画法和技能。开展三维建模比赛既能培养大学生创新设计意识、综合设计能力与团队协作精神,加强学生动手能力的培养及工程实践的训练,又能提高学生进行机械设计及软件指令等实际工作能力,最终达到学以致用的目的。

2. 主要内容和运作模式

大赛共分为四个环节:活动发布会、赛前培训、机房建模比赛、颁奖仪式。

活动发布会:由专业老师面向全院学生普及三维建模软件的相关知识,同时介绍比赛内容,讲解比赛要求。

赛前培训:每年 4 月和 5 月的周一至周四晚上在学校实训楼机房进行三维建模培训,由专业老师和助教向学生做有针对性的讲解,使其熟练掌握基础建模方法并能实际运用。

机房建模比赛:根据大赛的初衷,给出建模图纸,由各参赛学生在规定时间内独立完成建模。

颁奖仪式:对比赛取得优秀成绩的同学进行奖励,并优先考虑纳入助教小组;同时,对活动进行总结,使同学们在活动中有所收获。

3. 开展成效

通过使学生熟练掌握三维建模相关图纸和软件,增强他们对三维建模的重视程度,帮助他们更好地掌握软件的各种操作指令,激发他们对三维建模的兴趣和自我创新意识,为大家营造出一个良好的学习氛围。熟练掌握这门技术也会为同学们未来的工作带来便利。

【工作案例 67】

成都航院 PPT 设计大赛

名称:成都航院 PPT 设计大赛

时间:2012 年至今

主办方:成都航院信息工程学院团总支宣传部

群体类别:青年大学生

引导途径：社会化技能培养

1．基本创意

作为信息传播的工具，PPT 在我们的生活中扮演着十分重要的角色。在科技时代，不论学习什么专业，未来从事什么行业，都应该掌握一些常用的办公软件，特别是对于一个刚入职场的新人来说，PPT 的制作尤为重要。而通过 PPT 设计大赛，能够发掘和激发同学们的创造才能，巩固基础技能，并且锻炼动手能力，丰富校园生活，提高大家学以致用的能力。同时，能够提升同学们的语言表达能力以及综合素质。

2．主要内容和运作模式

PPT 设计大赛在前期要进行长达半个月的宣传及选手和参赛作品的征集。通过走班宣传、传单宣传、线上宣传等途径进行比赛的发布，每天及时在线解答参赛选手的疑问，确保每位参赛选手对比赛规则以及比赛模式完全了解。

由于比赛要求的作品原创性，将比赛分为初赛和决赛两个阶段，能够更加严谨、有效地评选出最具实力的 PPT 设计人才，也有助于调动选手们的创新意识。考虑到单纯的比赛会令现场比较枯燥，在评审环节加入了现场抽奖活动，调动现场气氛，让观众也参与活动当中，让大赛更具有参与度和趣味性。比赛结束后，全体参与人员合影留念。

3．开展成效

切实促进了各个学院同学之间的了解与交流，丰富了同学们的大学生活，调动同学们的创新思想，提高了同学们的基础技能。

【工作案例 68】

建筑测量大赛

名　　称：测量大赛

时　　间：2018 年 5 月

主办单位：成都航院建筑工程学院团总支学生会

群体类别：青年大学生

引导途径：社会化技能培养

1．基本创意

近年来，随着我国测量技术快速发展，特别是西南地区对于测量员需求也在增大。为了培养符合建筑工程标准的测量人才，建筑工程学院在开展日常的学习工作以外，还有针对性地辅以专业知识讲座和专业技能竞赛，以达到巩固学生的专业知识和提高操作能力的目的。这样，以团队合作、自主创新等方式开展符合建筑特色的精品活动，既摆脱了单一、枯燥的教学方式，又提高了专业教育的实用性和有效性，有助于促进学生专业技术技能和综合素质的提高。

2．主要内容和运作模式

大力宣传，让全院师生对活动有所了解，及时跟进竞赛的最新的消息。可四人一组进行报名，也可以单人形式报名（须报完所有的单人项目）：由各班级学习委员统计本班报名小组（允许混班比赛），交至学习部干事处，由干事统一收取并整理报名登记表。

在比赛方式上，学院紧紧依托专业老师作为技术指导，采用"仪器操作，现场评比，小组竞赛"的方式，进行户外比赛，最终评出符合行业技能要求的优胜选手。

3．开展成效

展现建工学子的风采，提升学生的实际操作能力、应变能力、解决处理问题的能力及团队协作能力；汇报我院工程测量课程教学效果；营造学习氛围，促进校园文化建设，丰富校园文化生活；以赛促学，以赛促教。

【工作案例69】

制图大赛

名　　称：制图大赛

时　　间：2014年5月至今

主办单位：成都航院建筑工程学院团总支学生会

群体类别：青年大学生

引导途径：专业技能培养

1．基本创意

掌握制图技术已经成为每个工程师必须具备的一项技能。作为学习建筑专业的当代大学生，更应该熟练掌握建筑图纸设计软件的操作和使用。开展制图大赛既能培养大学生的创新设计意识、综合设计能力以及团队协作精神，加强学生动手能力的培养和工程实践的训练，又能提高学生建筑设计及手绘制图等实际工作能力。通过该项比赛，也为全国"高教杯"制图比赛选拔制图精英，一定程度提高同学们的制图技能。

2．主要内容和运作模式

大赛共分四个环节：赛前集训、活动发布会、机房比赛以及颁奖仪式。

赛前集训：面向全院同学普及三维软件的相关知识及应用，专业老师做具体讲解。

活动发布会：向同学们介绍比赛内容，并展示实际案例让参赛选手们做充分准备。

机房比赛：由各参赛人员在规定时间内完成比赛任务，包括CAD（天正）、三维建模、手绘。

3．开展成效

活动旨在增强我院广大学生的制图技能和制图水平，丰富同学们的课外文化生活，激发同学们的学习兴趣，培养同学们的动手实践能力，提高同学们的竞技能力，提高竞争意识及未来就业竞争能力，挖掘优秀学生，营造良好的学习氛围。通过举办"制图大赛"，为广大学生提供一个高水平的锻炼机会和展示、检验自己制图专业能力的平台。

【工作案例70】

视频制作大赛

名　　称：视频制作大赛

时　　间：2017年3月至今

主办单位：成都航院管理学院团总支

群体类别：青年大学生

引导途径：社会化技能培养

1．基本创意

大数据时代，所有信息不再局限于平面和手工宣传，而是更加趋向于视频传递等高效宣传方式。目前，信息技术发展迅速，许多学生课外愿意学习和制作视频。同时，应某些课程社会实践作业的要求，同学们纷纷学习拍摄和制作起了视频，校园掀起了一股视频热。我院顺势而为，举办此次视频制作比赛，激发同学们的学习热情，并筛选出认真完成作业并有一定特长的同学。该项活动为我院学生中的视频制作爱好者提供了一个展现自我的平台。通过比赛的形式，也增强同学们对第二课堂学习的兴趣，提高同学们对课外学习作业的重视度。

2．主要内容和运作模式

大赛共分四个环节：参赛预报名及培训、初赛展览投票、决赛演讲以及颁奖仪式。

参赛预报名及培训：面向全院同学普及视频软件的相关知识及应用，并在易班平台上开启预报名。

初赛展览投票：收集同学作品，在生活广场进行视频展博，吸引观众投票，并做到推广活动。

决赛演讲：根据大赛的要求，选出进入决赛的队伍，由各参赛小组在规定时间内完成演讲，阐述自己的制作理念。由专业老师打分、大众评审投票。

颁奖仪式：一方面，奖励表现优秀的小组及个人；另一方面，对活动进行简单总结，使同学们在活动中能有所收获。

3．开展成效

本次活动吸引了其他二级学院同学的热情参与，得到了老师和同学们的一致认可。活动增加了同学们对视频设计软件的重视程度，吸引了大量同学参与课外活动，激发了更多的同学对视频制作的兴趣及自我创新意识，同时提高了同学们的动手操作能力和团队协作能力。

【工作案例71】

汽车百科知识竞赛

名　　　称：汽车百科知识竞赛

时　　　间：2017年12月至今

主办单位：成都航院汽车工程学院团总支

群体类别：青年大学生

引导途径：专业知识技能培养

1．基本创意

随着近些年我国汽车行业的迅猛发展，汽车行业对汽车维修以及汽车制造人员的需求也在增大。该项活动旨在丰富同学们的汽车相关知识，提高同学们的学习兴趣，加快培养他们成为符合标准要求的汽车维修及汽车制造人才。

2．主要内容和运作模式

竞赛共分三个部分：宣传、报名、比赛。采用"现场评比，小组竞赛"的方式，最终评出符合行业技能要求的优胜选手。

3．开展成效

汽车百科知识竞赛以提高学生团队协作意识和自身职业素养为目的，围绕汽车相关知识开展，并在竞赛中培养、展示团队合作精神。

【工作案例72】

汽车工程学院机械制图大赛

名　　称：汽车工程学院机械制图大赛

时　　间：2017年11月至今

主办单位：成都航院汽车工程学院团总支

群体类别：青年大学生

引导途径：专业知识技能培养

1．基本创意

制图是理工科学生应该具备的基本能力之一。作为一名理工科学生，有必要知道"机械制图"这门课程的重要性。为了使同学们更好地学习这门课程，我院决定举行本次机械制图比赛，为同学们搭建更多的学科竞技平台，在全面调动同学们学习积极性的同时，提高同学们的"工程语言"运用能力。

2．主要内容和运作模式

活动通知：向同学们介绍比赛内容，并给出比赛题型及比赛题型涉及的书本资料，以及评分标准及比赛注意事项。

大赛共分三个环节：初赛、决赛及颁奖仪式。

初赛：根据报名人数的多少情况举行初赛，在初赛中淘汰一批参赛选手，未淘汰的选手则继续进入决赛。

决赛：根据入围名单，组织名单上的参赛选手进行决赛，决赛时给出机械制图试卷，由各参赛队员在规定时间内完成。

颁奖仪式：一方面，奖励表现优秀的小组及个人；另一方面，对活动进行总结，使同学们在活动中受益。

3．开展成效

机械制图大赛旨在加强汽车工程学院的学风建设，提高教学质量，以比赛为载体，提高同学们的学习兴趣，使同学们更加重视"机械制图"这门课程的学习；同时，提升同学们的机械制图能力，培养同学们分析和解决实际问题的能力。就同学们的总体表现来看，本次比赛达到了预期成效，同学们积极参加比赛，竞争激烈。

【工作案例73】

空中乘务职业技能大赛

名　　　称：空中乘务职业技能大赛

时　　　间：2017年12月至今

主办单位：成都航院民航运输学院

群体类别：青年大学生

引导途径：职业技能培养

1．基本创意

现如今，社会对当代大学生各方面的素质要求越来越高。这是一个个性张扬的时代，这是一个信息爆炸的时代，同样也是一个彰显风采的时代。当代大学生不仅需要有扎实的专业知识和技能，还应有自我展现的意识和完善提高意识。为了让大学生展现良好的形象，塑造大学生积极向上的精神风貌，营造良好的校园文化氛围，提高空乘专业学生的自我展现能力、个人综合素质和专业实践技能，同时也为了适应空乘职业岗位良好形象、礼仪素质与服务技能的要求，提高航空服务专业学生的职业能力和就业竞争力，激发学生刻苦训练服务技能的热情，引导航空服务专业的教学方法改革，培养符合市场需求的高素质应用型服务人才，学院举办了空中乘务职业技能大赛。大赛的宗旨是：展现民航运输学院空中乘务专业培养特色；展示同学们入校以来所学专业的知识与技能；提高同学们的综合素质与职业要求；促进优秀空乘专业人才的培养。

2．主要内容和运作模式

民航运输学院空中乘务专业大二学生通过自愿报名的方式参加初赛，凡是主动报名参赛并通过初赛的同学均可以获得活动学时。

初赛通过机考的方式进行；复赛包括礼仪姿态展示和中英文广播词朗诵；决赛内容包括个人形象展示、中英文自我介绍、机上安全演示展示、机上应急设备操作。

3．开展成效

大赛秉承"公平、公正、公开"的原则，邀请民航运输学院的老师担任评委。参赛同学通过这次职业技能大赛深刻体会到了要想成为一名合格的、优秀的空乘人员，首先要具备一定的道德修养，要主动、热情、有礼貌、认真负责、勤勤恳恳、任劳任怨，能坚守原则。其次，要具有良好的个人品格，还要具有责任心、爱心、包容心、同情心、耐心等。最后，空中乘务这个职业是服务行业，服务在本质上是一种人际交往关系，这种关系由服务者、被服务者和服务环境三元素组成，其中，服务者是影响服务质量的最主动、最积极的因素，其能力和素质的高低对服务水平具有决定作用。作为一名合格的空乘人员，要提高服务意识和服务理念，这必须成为每个空乘人员的自觉的思想和实际行动。

【工作案例 74】

士官管理学院爱心理发队

名　　称：士官管理学院爱心理发队

时　　间：2018 年 3 月至今

主办单位：成都航院士官管理学院

群体类别：青年大学士官生

引导路径：社会实践

1．基本创意

士官生勤俭节约、热爱劳动、具有较强的动手能力，能够为学院、同学和战友奉献出属于自己的一份力量。军人形象对于士官生来说尤其重要，平时需要勤理发。为了体现士官生的优良作风，涌现出一批热爱奉献的同学，并在服务的过程中锻炼自己。

2．主要内容和运作模式

平时为同学们理发，整顿军人形象。

社会实践部作为总牵头，理发队分为四个小组，每个组设组长、副组长，以小组形式每天轮换，每晚 8:30—9:30 准时为同学们服务。

3．开展成效

保证了士官生良好的军人形象，在每天的军容风纪检查中，因为发长而被登记的士官生越来越少，也为同学们节约了一笔不小的费用。据不完全统计，2018 年 3 月以来，爱心理发活动已为近千人次服务。

第三部分 总结与思考

一、思想分类引导实施原则

（一）平等独立、双向交流的原则

1. 要尊重学生的人格和合法权益

一些老师抱怨学生难管、课难上、活动难开展、工作难推进，学生和老师之间有隔阂和不信任等问题。其实高职学生普遍愿意彰显自己的个性，希望被其他人所理解，渴望受到一定程度的尊重和重视，获得良好的发展前景。因此，老师们在平时的教学和日常管理中一定要和学生站在一个平面上，要人格平等、作风民主。这样才能更好地实现我们教育的目的。我们认为，有效提高高职院校思想政治教育的有效性的关键在于认知。只有认识深刻，才能行动自觉。高职学生最重要的问题就是不系统——认识世界的碎片化、感官化、片面化和肤浅化。比如，一些同学高喊要"超越自我"，高唱"我的未来不是梦"，殊不知，大多同学潜意识里有一个严重问题就是"自我设限"，觉得自己什么都做不好。在和高职学生座谈中，有人半开玩笑地这样说："大学老师分两派——'鹰派'和'鸽派'，就是一种老师'攻击人'，另一种老师讲大道理。这两派我们都反感。"我们认为，学生听不听老师的话首先取决于老师的话是伤了还是维护了他的自尊心，取决于老师是否尊重他，是否平等民主、双向平等交流。在与同学们相处时，千万不要形成与对方感情的矛盾。感情是心灵的门户。作为高职院校的教师，应该多说理顺情绪的话，多做"活血化瘀"的工作；学会懂得倾听学生的心声，尊重他们的决定；主动关心帮助高职学生努力营造和谐、民主的氛围，搭建平等对话、独立思考、双向交流的沟通平台。

2. 要拓宽高职学生参与思想政治教育的广度

思想政治教育不仅仅在思政课上，与学生的沟通交流还可以在班级活动和主题团日中、民主生活会上；也可以在课下，在操场、在寝室。例如，可以每周与同学们开一次食堂例会，大家边吃饭边聊天，一定很融洽。此外，还可以多组织学生参与各类校园文化活动等。

（二）以情育人、以理服人的原则

"感人心者，莫先乎情。"高职院校的教师在面对日常学生管理和教学工作时要用心去待人，去了解人、教育人。在调查走访中发现，很多高职学生不善言辞，对于具体事物的认识和看法很少愿意主动说明或表露，在人际交往中更感性一些。因此，高职教师在思想政治教育层面要主动、积极，要明白"音不通千曲以上不足为知音"的道理。要加强各方面知识的学习，要知晓学生的兴趣爱好，深入到学生中间去了解他们的所思所想，听取他们的喜怒哀乐，帮他们去发现问题、分析问题、解决问题；要能够掌握学生的心理特征，学会引导学生，肯定学生，激发学生内在潜能，以情感人、以情动人、以情育人，使他们学会自我教育、自我管理、自我提高，发挥学生的才干。当老师想学生之所想，急学生之所急的时候，就会赢得学生的欢迎、认可、接纳，真正成为学生的知音。

有了很好的情感沟通，彼此互信，主客体间产生共鸣，学生才不会对思想政治教育内容产生抗拒和距离感，才能使教育真正被同学们接受，才能深层次达到以理服人的目的。教育者应秉承尊重、理解、关心、激励的理念，在理论教学中多摆事实、多举事例，以理服人；多采取形式多样的教育方法和教育形式，通过多媒体教学、参观访问或社会调查、社会实践等形式来丰富学生对思想政治教育内容的感性体验。

（三）多管齐下、渗透融合的原则

以全面提高人才培养质量为目标，"第一课堂""第二课堂"多管齐下、渗透融合，巩固成果、强化措施、深入推动，使高职院校的思想政治教育工作总体水平有整体性突破。

思想政治理论课教学是思想政治教育的重要阵地，必须发挥思想政治教育课程的基本功能。在专业课程教学的同时，也应渗透融合进思想政治教育的思想和内容，积极探索"课程思政"的新功能。在教学内容上，思想政治理论课教师在坚持思想性、政治性和理论性的同时，也要改变教育教学方法，不断增强内容的生动性、趣味性和针对性；在努力保持课堂互动，调动学生学习热情的同时，我们也该结合当今社会发展，及时更新专业发展成果并补充进课堂学习，从而增强理论与实践结合的意义与教学实效性。在教育方法上，思想政治理论课教师应该结合传统授课和现代化教学模式，发现并激发学生的学习兴趣；在坚持采用体验型、参与型等授课形式的同时，还要促使学生从被动去听向主动去学、去参与、去体验发展，让学生学会用理论分析问题、指导实践。与此同时，要积极探索教育教学内容和课程体系改革相结合的新路子，组织开展思想政治教育的理论和实践研究，培育一批思想政治教育理论研究和教学实践相结合的成果。

校园文化活动是思想政治教育的第二课堂，是进一步发挥育人作用的平台。应借助组织开展多层次、多样化的校园文化活动，推动思想政治教育工作科学化、规范化、制度化、校本化、特色化，积极营造健康高雅、积极向上、丰富多彩的校园文化氛围和良好的育人环境。

在高职院校对学生的思想政治教育中，社会实践的作用非常重要。针对各个年龄段学生的思想水平不同，学校制定相应的社会实践内容。针对大一新生，开展班级活动、志愿者义务服务，能促使他们认知社会，培养他们的社会责任感；针对二、三年级学生，则着重以企业认知、专业实训、顶岗实习等为主要内容，将实践与所学专业相结合，使学生在实践操作中接受教育，在实践中达到自我完善的目的。

二、途径探索

（一）切实解决学生理想信念缺失问题的途径探索

1. 发挥高校在树立学生理想信念中的主导作用

提高高校对树立大学生理想信念的重视程度，营造积极向上的校园文化氛围。学校要充分利用一切宣传舆论工具，充分展现"真、善、美"的信仰文化，如利用广播、宣传板、黑板报、微博、微信等，大力宣传理想信念的文化内涵，褒扬青春励志先进典型，广泛开展以"我与信仰对话"等为主题的多种形式的演讲、辩论、征文比赛等实践活动，积极营造"积极进取，开拓创新"的良好风气，真正形成一种为理想奋斗的良好学风、校风。

2. 发挥课程对理想信念的教育作用

把理想信念教育纳入大学生思想道德修养课或者是开设专门的例如"幸福与人生"课程，充分发挥课程作用，让学生变得阳光自信。倡导大学生的"自律"精神，变平日的灌输思想为学生的自觉行动。针对大学生理想信念缺失的情况，引导学生不断加强自我修养，提高认识，努力改造自身的世界观、人生观、价值观，增强社会责任感和自控能力。学校要正面开展对学生的理想信念信仰的教育，应注意把理想和自身价值的实现讲清楚，以此来培养并养成学生的自我教育与完善的意识，使他们能够主动地注重增强自身良好的生活、学习、工作习惯与综合素质。

（二）切实改正理论学习与实践严重脱节的途径探索

学海无涯，理论学习是永无止境的，而社会实践也是不容忽视的。如何切实改正理论学习与实践严重脱节的问题呢？结合成都航院的教学特点和培养目标，我们认为"社会实践""工学结合"和"毕业设计"是改正理论学习与实践严重脱节弊端的有效途径。

1. 广泛开展社会实践活动，建立社会实践基地

学生的成长离不开社会实践。实践作为一种特殊的教育手段，能促进学生思想政治素质、政治文化水平和情感道德状况中理论和实践的统一，能让学生在认识社会、了解国情的同时增长见识，培养优良的品格。多数学生由于经历有限，对社会了解甚少，对国情、民情知之甚微，对于当前纷繁复杂的社会现象不能从本质上去深层认知，所学理论还不能结合实际有效分析是非曲直，常常陷入一种美好理想和残酷现实的矛盾中。同时，受理论与实践脱节困扰的学生也渴望积极进取，接触社会，学以致用，提高能力。将社会实践作为一种思想政治教育的载体，其内涵和外延就会丰富，也更加全面。通过社会实践让同学们了解社会、体验生活、感受差距，

遇到具体的问题学会分析、解决,从而使他们的思想得到升华,认识问题更加趋向全面,解决问题更切实际,社会适应能力不断增强,进而明确自身时代使命,激发学习热情,不断调整和完善自身的知识结构。

要持续地开展学生的社会实践活动,就必须建立实践基地。社会实践要开展好,单靠学校的力量是不够的。高职院校应以自身优势,服务区域经济社会发展,主动与政府、社区、乡镇、爱国主义教育基地、企事业单位、部队、社会服务机构等进行联系,争取社会各方面的支持和配合。本着合作共建、双向受益的原则,从地方经济社会发展建设的实际和学生理论与实践结合的锻炼成长的需求出发,逐步建立多种形式的社会实践基地,力争每个院系、每个专业都有相对稳定的社会实践基地,进而建立长效机制,确保基地活动开展务实高效,使地方受惠、学生受益。

2. 将课堂搬到企业工作现场,跟踪学生顶岗实习情况

为解决学生课堂所学与实际操作脱节的问题,我们认为应将课堂搬到企业去,在顶岗实习或实训课程中跟踪学生的实践情况,及时做出指导。例如,请企业工程师、工艺、技术、服务领域等部门专业人员,在顶岗实习或实训中,讲解具体原理、结构、设计方法与制造工艺技术或服务理念,以及其领域的演变史和未来的发展趋势;让他们对学生的实践成果进行检验和评价,鼓励并支持学生在实践中的创意创新。在跟踪学生顶岗实习的过程中结合产品和操作进行点评,并对实践中存在的亮点和问题进行总结。

要解决学生在学习和思想上不适应社会这一问题,实践活动的开展至关重要。社会在学生提高自身水平中有着学校所无法替代的作用。他山之石,可以攻玉。高职院校与社会和企业相对密切的合作关系,可以有效解决学生理论学习与实践脱节的问题。校企合作、工学结合这一举措在教学工作上的巨大优势在于:充分利用了社会资源,在实践中使理论与实践相结合,让学生体验工业文化的制度文化、行为文化、物质文化,进一步提升学生的工业文化素养,以培养学生的职业情感和工作价值观。

3. 所有学生的毕业设计都与就业和市场需求挂钩

针对学生在刚进入社会,在具体工作和职场认知中容易出现的理论脱

离实际的问题，可以在高职学生的毕业设计上做文章。应要求学生在做毕业设计时首先调研企业和市场，然后围绕企业和市场需求进行具体的专业方向的毕业设计和研究。通过对学生毕业设计的要求，一是让学生根据自己所学专业与市场需求的实际情况，调查社会上相关行业企业相关情况：用人需求怎样？发展前途好不好？待遇和成长空间如何？二是根据调研结果，在学校老师的指导下，开展基于企业产品或市场需求的毕业设计，这样其毕业设计就不再是理论脱离实践的"毕业作业"。学生在完成毕业设计的过程中，也能清晰地了解专业的需求对象和市场需求状况以及自身不足，对企业和市场的认识也会有不同程度的提高。

（三）切实解决学生"知行合一"问题的途径探索

"知行合一"这一说法是明朝时期著名的哲学家王守仁提出的。"知"主要指人的道德意识和思想意念；"行"主要指人的道德实践和实际行动。"知行合一"是突破传统思想政治教育模式的必由之路。"知行合一"统一于"认知践行"，思想政治教育只有取得青年学生的"共鸣"，才能得到学生的认可。而只有让学生真正地认识到道德的内涵和本质，践行道德的标准，思想政治教育才能达到其目的，真正做到帮助大学生树立正确的世界观、人生观和价值观。

1. 建立新媒体互动交流模式引导学生

在日常学生事务管理中，利用QQ、微博、微信建立师生互动交流模式引导学生。比如各班都建有用来交流的QQ群，加入学校和老师的微博、微信，部分班级开设公共主页等。在思想政治教育中，通过互联网，把传统的灌输式教育转变为现代化的交流式教育。

同时，应充分整合资源将学生感兴趣的话题与思想政治教育相结合，"知是行之始，行是知之成"。让学生在此种学习方法中，将所学的知识融会贯通，在实践中形成并完善自己的社会观、价值观、道德观。

2. 建立德育活动项目化

德育活动项目化是指根据"知行合一"的德育思想，依据大学生德育工作的总体要求，将高职院校平日举行的各类教育活动设计成若干个德育目标项目，由全校师生对日常开展的德育教育活动进行相互关联的工作任务分派或参与部分相互衔接的系列活动，从而不断地增强学生的道德意识、提高学生的职业素养。教师在德育活动项目化过程中自始至终要发挥设计、组织、协调、监控和评价的职能。无论德育活动进行到哪个环节，教师都会根据活动的进展情况与学生的心理变化情况，不失时机地加以小结、点评和部署，引导学生从项目化活动中体会道德规范与工业社会对职业素质的要求。因此，虽然德育活动对象是学生，但在其中起关键作用的还是各个教师，这也对教师的水平提出了更高的要求。我校从2015年开始探索实施的每学期开学之初的"德育行动十天计划"，也是德育活动项目化的创新尝试。

3. 建立德育过程行动化

德育过程行动化是相对于德育活动项目化而言的。它是指学生作为整个德育过程中的主体，通过参与活动项目并具体完成活动任务，达到身心合一、言行一致、自我体会、自我反思、自我纠正、自我提升；与外部世界建立起道德规范和职业标准的条件反馈系统，进一步深化思想政治教育的践行内涵，打通认知向品行转化的通道。知识就是力量，行动才有结果。行动对"知"的影响是直接的、深刻的，行动对人的教育也是生动的、深入的。如果德育过程将各种道德规范和职业标准以说教的形式进行，不仅会使学生产生厌烦情绪，而且会使学生在被动状态中形成"叛逆"的反认知效果。德育过程行动化是为了适应德育活动的情境性、参与性、实践性和开放性的特点而提出的。在我们进行日常的德育工作中，必须重视思维方法的运用。要突破演绎归纳思维的瓶颈，跳出固有逻辑，以理服人不如以行服人，德育内容都是实践性知识，它的形成与深化必须依赖于实践活动加以解决。

三、思考与建议

（一）主渠道：社会主义核心价值观的入脑入心教育

2012年11月，中共十八大报告明确提出"三个倡导"，即"倡导富强、民主、文明、和谐，倡导自由、平等、公正、法治，倡导爱国、敬业、诚信、友善，积极培育和践行社会主义核心价值观"。对此，在学生思想政治教育的主渠道中要坚持社会主义核心价值观的入脑入心教育，使之内化于心，外化于行。

1. 注重发挥思想政治理论课堂教育

目前，思想政治理论课堂依然是高校思想政治教育的主阵地。在对高职院校学生讲授思想政治理论课的过程中，必须坚持社会主义核心价值观进课堂、进教材、进头脑。在教学方法上，传统的"说教"式授课已无法适应现在的教学情况。要使社会主义核心价值观入脑入心，授课内容必须贴近学生的生活及现实需求，才能让学生信服，才能把社会主义核心价值观教育融入学生解决日常问题的过程中去。在高职院校思想政治课教学过程中，不要专注于深奥理论的概念性复述，而要与日常发生在学生周围的事相结合，从而把需传授的社会主义核心价值观在无形中转化为学生自觉学习、遵守的行动。与此同时，要积极开展主题班会、主题团日等活动，进一步加强对学生的正面引导和教育，使他们的价值观念与思想逐步向社会主义核心价值观看齐。总之，要不断探索，努力实践，在内容的深度上下功夫，在课程的设置上下功夫，在授课的形式上下功夫，让社会主义核心价值观进教材、进课堂、进头脑。

2. 强化学生自我教育功效，自觉接受社会主义核心价值观

大学生价值观念的形成，主要是他们自身实际需要和选择接受所受教育结合的结果。因此，在它形成之前就需要专业的教师给学生做正确的引导，使他们形成正确的思想认识。传统的教育模式往往对学生的主体性、能动性及个体差异性不以为意，使得思想政治教育丢失了原本的意义和功能，使学生与教育脱节。面对新环境，对大学生进行社会主义核心价值观教育，必须贴近学生的实际情况和内心需求，充分尊重大学生的主体性，变一味说教、硬性灌输为鼓励思考、引导选择，将教育引导和自我教育相结合。

3. 加强人文精神熏陶，创建校园文化底蕴

校园文化的蓬勃发展能很好地体现一所学校的价值理念、办学思想、

群体意识、行为规范、文化底蕴及精神氛围,对于提升大学生的精神、气质、品质、修养都存在潜移默化的影响。引导大学生追求真、善、美,塑造学生的精神文化,繁荣校园文化都有很大意义。从教育的本质出发,以校园文化建设机制为载体,通过各种艺术、竞技、实践性的校园文化活动,如迎新晚会、人文讲座、校园论坛、游园活动、演讲比赛等,培养学生社会主义核心价值观。

(二)辅渠道:坚持"四位一体"横向联动的践行教育

根据"文化塑校"和"立人立业"的理念,以文化素质系列讲座为切入点,以学生社团的多样性活动为依托,以各类培训为补充,以社会实践为拓展,通过有效组织达到受众人群全覆盖,积极营造和谐育人环境,全面推动思想政治教育工作的纵深开展。

1. 坚持横向联动,全面提高学生思想政治素质

倾心培育、全面深入,坚持社团、讲座、培训横向联动,促进学生思想政治素质全面提高。第一,举办各类人文社科及专业知识讲座,邀请校内外专家来我校宣讲文化经典、国际形势、社会热点、专业技术前沿发展专题。第二,加强对学生组织的管理,针对学生组织的建设做正确的引导,鼓励学生组织多多开展各种健康积极的活动;挖掘和丰富社团文化内涵,积极引导学生社团活动在内容和形式上向深度和广度发展,增加文化底蕴,提高文化格调,推出精品活动。第三,以学校名义多开展各种活动,提高学生的艺术、文化修养。第四,组织大学生开展课外读书活动。编制学生阅读推荐书目,指导大学生阅读中外名著,各班开展形式各异的读书会,组织有关读书知识竞赛或征文比赛。

2. 建立校外实践基地,积极营造和谐育人环境

通过学校组织的形式,以志愿者服务及社会实践活动为主要载体,不只局限在学校内部建立实践基地,创造积极向上的实践活动氛围和环境。第一,加强对上述实践活动基地的建设与管理。充分利用社区、企事业等文化资源,对学生进行思想政治教育。与有关单位签订合同,加强学校与校外基地的联系。第二,依托区位优势,优选与学校专业相关的行业大型

骨干企业，开展深层次合作，建立长期稳固的学生校外实践基地，寓思想政治教育于学生专业实践学习之中。第三，通过较大的活动形式运作，组织学生参加各类丰富多样的社会活动，如"三下乡"活动，让学生在实践中体验和感悟、贯彻和践行思想政治教育。

（三）多渠道：思想政治教育与职业道德素质养成的培养

1. 转变教育理念，充分发挥思想政治课程的教育功能

当今高职院校对所培养人才的思想政治教育有越来越严格的要求，应以思想道德修养与法律知识内容为基础，以思想道德教育和职业素质教育为主体，以理想信念教育为核心，以爱国主义教育为重点，帮助学生形成正确的人生观、道德观、价值观。把政治素养和职业道德贯彻于日常教学，以马克思的历史唯物主义为指导，转变高职院校教学理念，使之贴近学生思想实际、满足社会时代要求、解决教育实际问题、增强学校教育效果。在教学实践中，要加强学生完整人格的塑造，培养学生的进取意识，注重培养学生的职业精神，让学生在文化、政治、经济、法律和道德等方面以及社会交际等方面接受全面的教育指导。

2. 丰富教学内容，坚持思政教育与职业道德素质培养相融合

目前，高职院校的思想政治教育大多延续传统的德育理论灌输路线，无论在深度、广度上大都停留在理论层面，且教育教学方法缺乏灵活性，使德育理论不能有效地同当前高职学生实际相结合，尤其是不能从高职学生对社会的认识角度来正反两个面分析问题，没有重视学生内在的心理需求，削弱了思想政治教育真正的深层教育作用。因此，高职院校的思想政治课程必须用社会主义核心价值体系引领高职学生个人品德建设的方向，在思想政治课程内容的设置上要特别注意增加具体案例，通过案例分析去培养学生的政治意识和对事物的辨别力、洞察力，从而提高他们面对复杂社会不良思想冲击的抵抗力，正确地评价、塑造和完善自己。

在教学过程中，要坚持教学相长的原则，选择贴近实际、贴近生活、贴近学生的教学内容。通过具体案例或时事新闻等贯穿相关职业道德与职业素养方面的内容，培养学生的道德责任感和工作责任心。与此同时，要

根据时代特点，重点加强对高职学生的理想信念教育、诚信意识教育和"知行合一"教育，使高职学生在走出校门的那一刻起就具备远大的职业理想、坚定的职业道德理念、积极进取的意志、先进的理念和卓越的辨识力，让他们以社会主流价值标准约束并管理自身，树立服务社会、报效祖国的理想与情操。

3. 注重学生心理需求，体现思政教育的职业素质培养内涵

在人才培养的过程中，一定要时刻关注高职学生的心理需求和内在情感。高职学生的学业和生活，处处映射出其所感所想。从事思想政治教育的教师只有真正成为学生的良师益友，去关怀、理解、贴近学生生活，成为学生的倾听者和咨询师，才能使学生敞开心扉，有效沟通交流，从而发现问题，进而解决问题。"感人心者，莫先乎情。"正如卢梭在《爱弥儿》一书中所说："教育必须从了解人着手。只有了解人才能教育人，这是真理、是实践的总结。"因此，要帮助高职学生了解和把握信息社会的职业道德规范，辨清是非、善恶，能够在大是大非面前保持坚定正确的立场，做出正确的决定，采取正确的行为，不断增强自我教育、自我管理、自我提高的能力，让每个高职学生既是职业道德素质教育过程的参与者，也是职业道德素质教育成果的受益者。

（四）新渠道："校企文化交融、专业职业合一"的思想政治教育

实践已经证明，"校企合作，工学结合"是高职教育人才培养的必由之路。校企合作作为学校文化与企业文化的交集，目的在于提高学生的专业技术应用能力和良好职业素养，并以学校和企业的文化共同培养学生正确的价值取向与社会观。对于思想政治教育而言，它是以文化为前提的。

1. 通过学校文化使社会企业文化被学生所接受

高职院校学生的优势就在于其实践能力、动手能力较强。提高学生专业技术应用能力和就业竞争力的重要途径就是校企合作。高职院校在与企业的合作过程中，要积极主动地引进企业先进文化，融合进学校文化，进而形成独具特色的高职校园文化；并通过融合企业文化元素的学校文化，使社会企业文化被高职学生所接受。

2. 通过专业技术学习使学生融入企业文化

在校企合作过程中，双方共同制定课程标准、学习内容和教学模式，且通常采用任务驱动或者对接企业产品生产过程的方式，组织实施课程教学。企业利用生产项目带动学生实操学习，巩固相关专业知识，积累实践经验，以此训练学生与岗位相符合的专业技能和职业素质。在此过程中，学生必然会处于企业生产实践环境中，真实地感悟和体验企业文化，自发去思考如何遵规守纪、爱岗敬业和实现自我价值。因此，高职学生通过校企合作进行实践学习，在提高专业技术技能的同时，一方面了解并学习企业文化；另一方面，能够融入企业文化，熏陶并养成良好的职业道德和素养。

3. 通过校企共同开展活动，使学生明确自己的职业定位与追求

学校文化和企业文化都属于精神层面的文化，两者有着相似的特征，因此能够有机结合。通过校企合作以及校企共同开展多层面、多形式的活动，既能丰富学校文化的内涵，同时也使校园文化能潜移默化地把企业文化中的价值观念和文化元素融入进来，并让学生感受和认知；此外，还能够让学生明确自己的职业定位和职业理想追求，进而自觉地改变自己、完善自己。

下 篇：

高职院校大学生文化素质教育

第一部分　总　论

　　长期以来，众多的高职院校在人才培养方面片面强调专业知识的学习、技术技能的培养和职业资格证书的取得，而在做人、做事、为国、为民等社会主导价值取向的引导和塑造上明显不足，缺乏对高职学生文化品位、人文素质、审美情趣、科学态度、创新精神以及敬业精神、奉献精神、协作精神、开拓精神的引导。当前，高职院校虽已普遍认同加强文化素质教育的价值并开始付诸行动，但其工作力度仍然远远不够，存在着不同程度的弊端和通病。如文化素质教育课程开设随意性较大、课时量少、师资力量薄弱、质量监控不力，学生活动开展少、辐射面窄、形式单一等。高职院校文化素质教育的滞后，明显制约了学生的全面发展。

　　新时期大学生创新精神、创新能力和创业品质的获得，要求人才自身的思想道德素质、科学文化素质、专业素质和身心素质的培养和提高。基于这样的思想和认识，成都航空职业技术学院坚持走改革创新之路，以"质量优先，内涵发展"为战略主题，以教育体制机制改革为发展主线，以培养具有核心竞争力的高素质技术技能人才为目标，从人才培养规格和路径出发，在三个层面着力进行学生文化素质的培养：一是人格层，即为民、执着、创新的价值取向；二是能力层，即文史哲艺方面知识面拓宽、理解学习与应用；三是操作层，即认识和适应社会的能力培养。学校开展文化素质教育的目的是：一要促进学生的思想道德建设，让学生形成积极进取、刻苦钻研、勇于创新和乐于奉献的精神风貌，形成正确的人生观、世界观和价值观；二要拓宽学生的文化知识面，提高学生的文化素质和品位；三要拓宽学生的思维，开阔学生的眼界；四要提高学生的人文素养，带动校风、学风的好转，营造出育人的优良环境，促进学生综合素质的全面提高，为中国特色社会主义经济建设培养具有追求卓越精神的高素质技术技能人才。

当前我国的创新型国家战略的实施，对人才提出了越来越高、越来越迫切的旺盛需求。在建设创新型国家过程中，经济社会发展的核心竞争力更多地体现在人才的"可持续力"上。而文化素质是一个人"可持续力"形成的坚强基础。基于这样的观念认同，成都航空职业技术学院架构了大学生文化素质教育的五个模块，即语言与文学、历史与文化、哲学与人生、艺术与审美、社会与职场，从体系架构上顶层设计了文化素质教育模型；所有文化素质教育的实施，均围绕这五个方面的内容，采用文化素质课程、社团活动、党团培训、成航大讲堂、文体科创活动和社会实践等方式予以实现；创新了基于"全景熏陶、全程渗透、全员育人、全面影响、全体收益"策略的"五全"文化素质教育协同育人新模式，科学构建文化素质核心能力"过程化"培养体系；制定实施一套系统的文化素质教育实施方案，从而有组织、有计划、有目的地搭建文化素质教育工作平台，并不断拓宽文化素质教育辐射面，加大文化素质教育影响力，构建了一个文化素质教育横向到边、纵向到底的网络体系，从具体操作层面和可量化、可考核的实施手段上解决了高职院校文化素质教育的系统性问题，为高职院校深入开展文化素质教育提供了可资借鉴的典型案例。

加强文化素质教育是学生全面发展的内在需要。通过人文精神的感染，升华人格，提高境界，振奋精神，有利于学生开阔视野、活跃思维，为他们在校学好专业以及今后的发展奠定坚实的文化基础和深厚的人文底蕴。为有效开展好高职学生的文化素质教育工作，培养高职学生职业自信、理想自信和人生自信，成都航空职业技术学院组建了校中校——大学生文化素质学校。学校团委经过多次调研、学习借鉴，并结合我校现行人才培养方案和学生实际，制定了《成都航院文化素质学校章程》，确立了总体目标、内容、规模和任务；同时，通过问卷调查征询同学们的意见和建议，收取问卷2 362份；制定了《成都航院大学生文化素质学校课程管理办法（试行）》《大学生文化素质教育学分认证办法》等一系列管理制度，为学校文化素质教育活动开展提供了制度保障。学校文化素质学校运行十余年中，受益学生覆盖全校各个年级班级的所有学生，引发学生的热议和强烈反响，有效引领并促进了学生文化素质、教师文化素养和学校文化品位的提高，发挥了学校作为首批国家级示范性高职学院的示范、引领和辐射带头作用。

系统性开展文化素质教育的基本逻辑和基本经验有以下几点。

一是人的基本素质包括文化素质、思想道德素质、专业素质和身心素质，其中文化素质是基础。新时期，以技术技能见长的高职院校必须加强以人文素质为重点的、体现高职教育类型特质的文化素质教育。

二是确立了高职院校文化素质教育的整体体系架构：分为语言与文学、历史与文化、哲学与人生、艺术与审美、社会与职场五个模块，并以课堂教学、社团活动、培训、文化艺术系列讲座、展览、文艺表演、社会实践等形式为载体实现对各项子能力的培养。

三是制定了文化素质学校章程和文化素质教育学分认证办法等相关制度，从而使文化素质学校教育教学运行秩序得到有效保证。

四是通过课程建设和活动开展，建立了文化素质学校教师人才库，促使文化素质教育教学质量稳步提高，促进了学生人文素质的提升。

第二部分　高职院校文化素质教育现状与设计

第一章　高职院校文化素质教育现状与思考

一、高职院校文化素质教育改革背景

当前，我国高职院校学生文化素质状况不容乐观，主要表现为：人文知识面偏窄，文化品位不高；知识结构欠缺，审美情趣不高；口头和文字表达能力、社会适应能力、心理承受能力、协调人际关系能力较弱，抵御各种错误思潮、文化思想渗透和侵蚀的能力不强，人文素养亟待提高；有技术、会操作，但科学素质平平等。从高职院校文化素质教育实际开展情况来看，大多处于摸索阶段，做得还不是很到位。比如，众多高职院校仍将工作重点放在如何扩大办学规模上，放在提高学生就业率上，注重学生专业技术和技能的学习，忽视对学生职业素养和文化素质的培养。有鉴于此，学校团委通过对文化素质教育模式的研究与探讨，顶层设计高职院校文化素质教育模式，成立了校中校——成都航院大学生文化素质学校，致力于破解高职院校学生文化素质培养的规模性、系统性、多样性、专业性、灵活性问题。

二、高职院校文化素质教育改革程式

基于高职教育的人才培养类型和培养目标，从人才培养规格和路径出发，在三个层面进行学生文化素质的培养：一是人格层，即为民、执着、创新的价值取向；二是能力层，即文史哲艺四方面知识面拓宽、理解学习与应用；三是操作层，即认识和适应社会的能力培养。为此，我们架构了成都航院大学生文化素质教育的五个模块，即语言与文学、历史与文化、哲学与人生、艺术与审美、社会与职场。所有文化素质教育的实施，均围绕这五个方面的内容进行。

（1）根据文化素质教育的定位和要求，结合职业教育的规律和特点，在大量走访调研、问卷调查及多次专题研讨和方案论证后，确立了文化素质教育总体目标、内容和任务，顶层设计了高职院校大学生文化素质教育体系的模块框架，围绕五大模块，采用文化素质课程、社团活动、党团培训、成航大讲堂、文体科创活动和社会实践等方式予以实现和考量。

（2）为达成文化素质教育的总体目标，实现对学生文化素质各项子能力的培养，明确了文化素质教育的培养载体和实施路径；配套制定了《成都航院大学生文化素质学校章程》《成都航院大学生文化素质教育学分认证办法（试行）》《课程体系建设暂行办法》《团组织生活评比说明》《社团活动学分获得说明》《成航大讲堂学分获得说明》《青年志愿者活动服务小时认定表》等系列规章制度，使学校的文化素质学校教育运行有章可循、有制度保证。

（3）认真学习、领会、贯彻中央16号文件精神，用综合改革的思路、协同创新的办法、整体推进的机制，融内容项目化、载体多样化、管理学分化、检验标准化和组织全员化（"五化"）为一体，创新与我校高职教育行动计划和示范强校建设相适应的、具有航空职业教育特色的文化素质教育"五化一体"协同育人的新范式。

（4）邀请专家学者、行业翘楚来我校宣讲文化经典、解读社会热点、弘扬航空报国精神、传播企业文化、交流哲学艺术、陶冶审美情操，已组织开展"成航大讲堂"160余场,受益学生近70 000人次。"成航大讲堂"已经成为我校文化素质教育的一个特色窗口,具有规模性、系统性、多样性、专业性、灵活性,已经在学生中形成了良好的口碑和极强的辐射作用,有效引领并提高了学生的文化素质、教师的文化素养和学校的文化品位,在高职教育界发挥了卓越的示范和辐射作用。

（5）在学校文化素质教育改革探索过程中,"成都航院大学生文化素质学校"已实际运行四年多。通过在人才培养目标中认定学分,从人才培养方案中划出了10个必修学分（其中6个文化素质课程学分、4个文化素质活动学分）作为文化素质专项学分,所有学生均需获得10个文化素质学分方可取得毕业资格。学分的绑定,"量化"了文化素质育人最低目标,有效保障了文化素质教育的有效实施。

三、高职院校文化素质教育改革思路

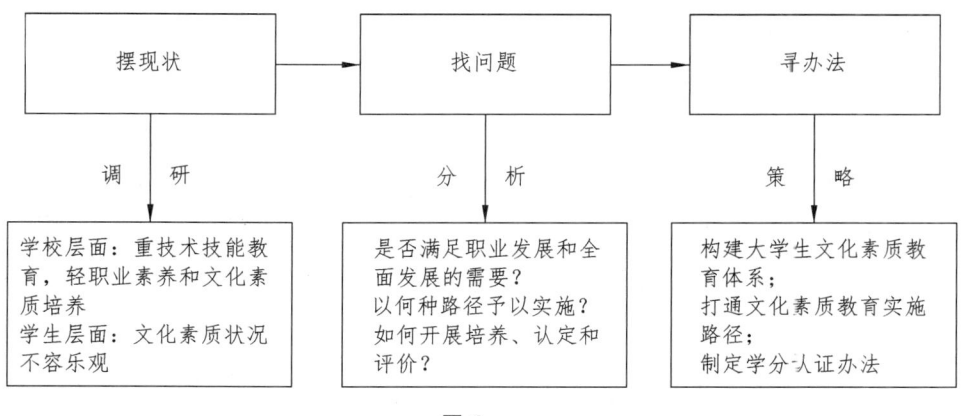

图9

在摸清当前高职院校文化素质教育现状,梳理高职院校文化素质教育中存在的问题及原因,探索文化素质教育影响高职院校人才培养的因素的工作基础上,制定学校推进学生文化素质教育的路线图如下。

1. 以深化内涵建设为目标,构建高职院校文化素质教育模式

成都航院作为一所以工科类见长的职业院校,文化素质教育中的科学

素养及自然科学精神主要通过一课堂教学予以涵盖，而以人文素质为重点的文化素质教育则需要顶层架构并构建新的教育模式。通过对学生需求的调研和对高职院校文化素质教育的顶层思考，设计出文化素质教育体系的五个模块（图10）；再通过五大模块内容及功能来培养学生17项具体能力。各项能力的培养又依托课程、讲座、社团、竞赛、培训、社会实践、文艺活动、人文展览等来具体承载。

2. 以学分认证体系建设为着力点，为文化素质教育提供制度保障

文化素质教育的有效开展需要制定较为科学合理的学分认证体系。文化素质教育学分应为必修学分，是文化素质教育体系的重要组成部分。学校制定并出台了《大学生文化素质教育学分认证办法》，要求学生在校期间必须同时完成本专业人才培养方案规定的课程学分和文化素质教育学分，方可毕业。文化素质教育学分不设上线，要求学生在校期间必须累计修满10个必修学分（图11）。

3. 以构筑支撑平台为落脚点，打通文化素质教育实施途径

（1）以文化素质课程建设为先导，注重课程内容的入脑入心教育。以"学分制"考核文化素质教育课程教学质量，从课程门类模块化、选课指导化、教程规范化、任课资格化四条途径入手构建文化素质教育课程体系。

（2）坚持社团、讲座、培训三位一体，促进学生综合素质全面提高。以"成航大讲堂"为切入点，以社团活动为依托，以各类培训为补充，有效全覆盖受众群体。

（3）以团学组织为依托，以文体活动、社会实践为载体，积极营造和谐人环境。精心打造各类文体科创及社会实践与志愿服务活动，以此丰富大学生课余文化生活，繁荣校园文化。

（4）注重培育"校企融合、学工一体"的工业文明养成教育。以工业文化作为校企合作的共同文化基础，双向互动，在实习、实训、顶岗、社会调查、勤工俭学等多方面具有实践教学意义。

下篇：高职院校大学生文化素质教育

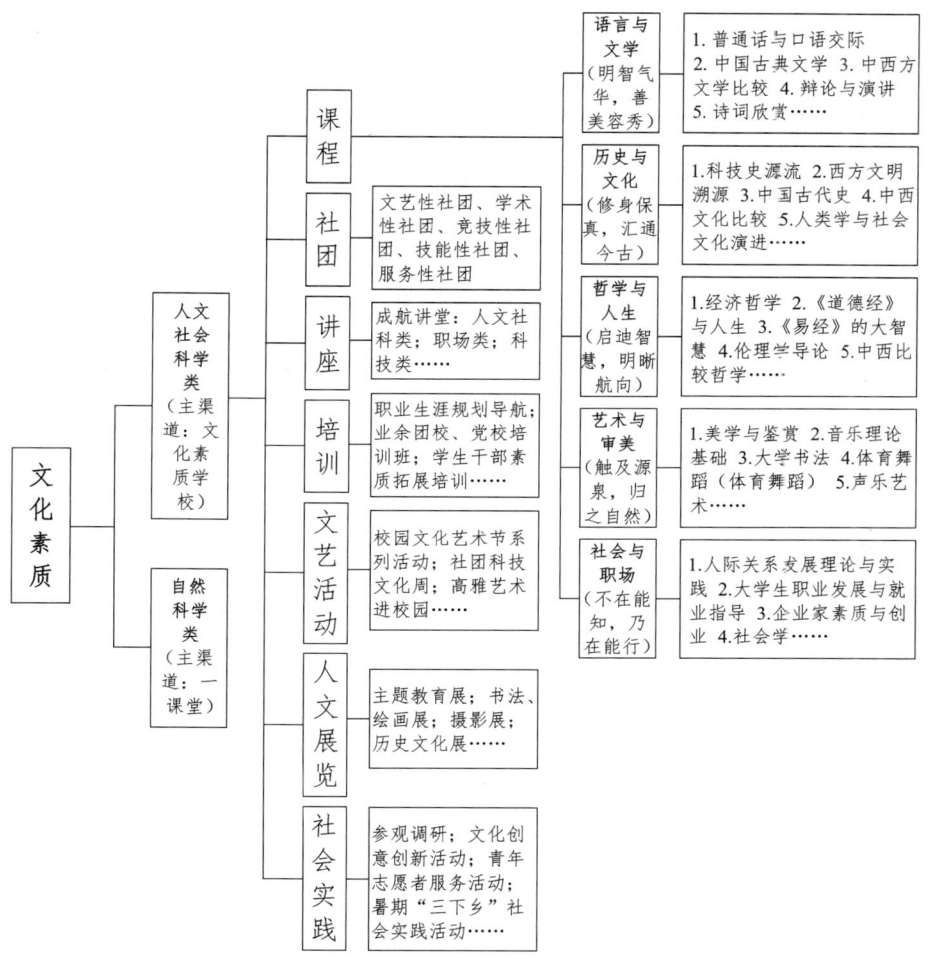

图 10　文化素质教育模型

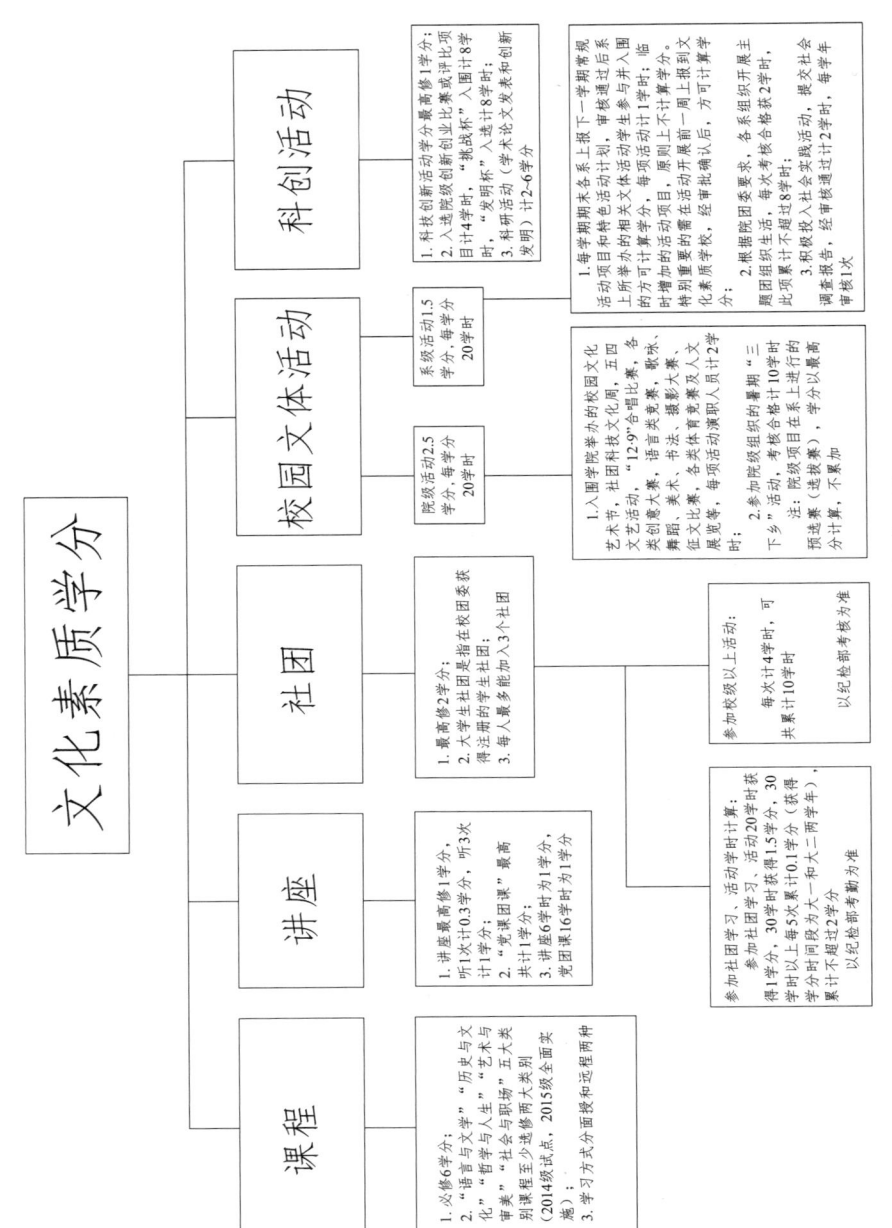

图 11 文化素质学分分配图

第二章　高职院校文化素质教育设计与实践

一、高职院校文化素质教育改革组织构建

为了把高职院校文化素质教育模式研究成果应用在大学生文化素质教育全过程中，成都航院成立了大学生文化素质学校。为有效组织和开展学生文化素质教育的各项工作提供了组织保障。由成都航院党委书记担任文化素质学校校长，分管学生工作的副书记、副院长任副校长。大学生文化素质学校下设办公室在团委，并设立五个虚拟教研室（图12）。

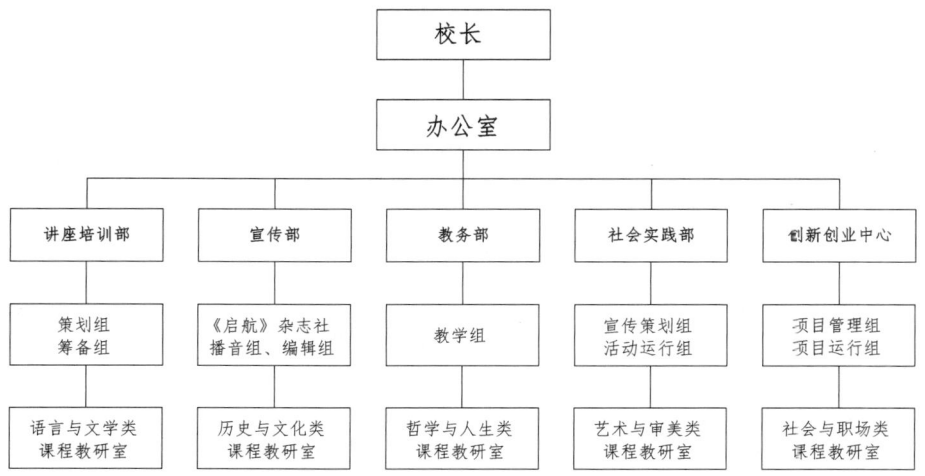

图 12　成都航院大学生文化素质学校组织结构图

注：办公室：负责文化素质学校整体运行控制以及策划、组织、协调、审批工作。

教务部：负责对教学课程及教师进行评定；组织开课、选课、排课、考试、成绩及学分管理等教务活动。

宣传部：负责学校宣传、《启航》杂志出版、校园广播等。
社会实践部：负责大学生志愿者服务、社会实践及暑期"三下乡"等活动。
讲座培训部：负责成航讲堂、创业论坛、心理教育类讲座、职业生涯规划导航、业余团校培训班、学生干部素质拓展培训等活动。
创新创业中心：负责大学生创新创业项目管理与运作。

在运行机制建设方面，文化素质学校制定了一整套文化素质教育运行制度规范。从行政管理、财务管理、课程管理、学生管理等方面建章立制，实现文化素质教育的制度化、规范化。其中就建立文化素质学校的总体目标做了明确：确立大学生文化素质教育必修学分整体纳入专业人才培养方案之中；完善文化素质教育课程体系、第二课堂教学体系，加强文化素质教育实践基地建设、文化素质教育师资队伍和教学建设、和谐校园人文环境建设，形成理论与实践相结合、科学教育与人文教育相结合的育人环境。

二、高职院校文化素质教育改革创新实践

1. 可操作性的课程与教学建设

课程与教学建设主要包括课程、授课模式、教学内容、教学组织、考核管理等。在打造具有高职院校特色的文化素质课程模式时，首先要明确培养理工科学生的"人文情怀+创新精神+社会能力"，经管、文、法学生的"人文情怀+科学素质+实践能力"均衡发展的人才培养目标，将文化素质教育课程体系与教学建设作为人才培养的重要任务。其次，为确保高职院校文化素质教育落地落实落细，须将文化素质教育课程纳入专业教学计划，使之成为专业人才培养整体课程体系的有机组成部分，并通过集成实现文理渗透、专业教育与人文教育贯通、人文精神和科学精神交融。

2. 学分认证操作流程再造

对于学分认证，应设置专（兼）职的岗位和人员，负责全校学生文化素质教育学分的具体设计与指导、组织与实施、确认与审核等工作，有明确的文化素质教育学分认证操作流程（图13）。在运行过程中，不断优化、细化学分认证的科学性和操作性，对认证流程进行了再造（图14）。

下篇：高职院校大学生文化素质教育

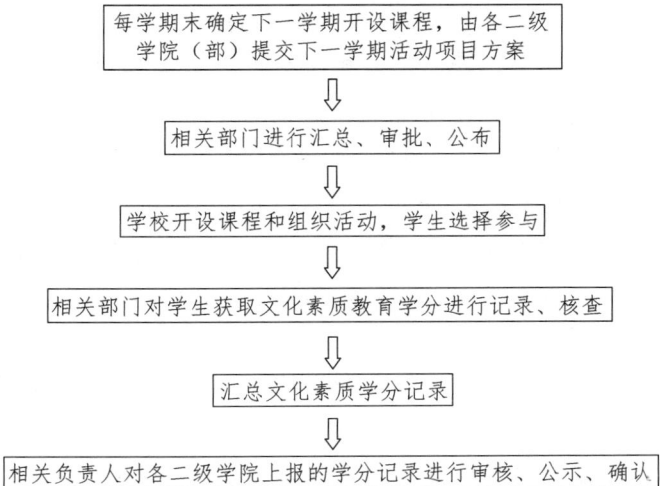

图 13 文化素质教育学分认证操作流程

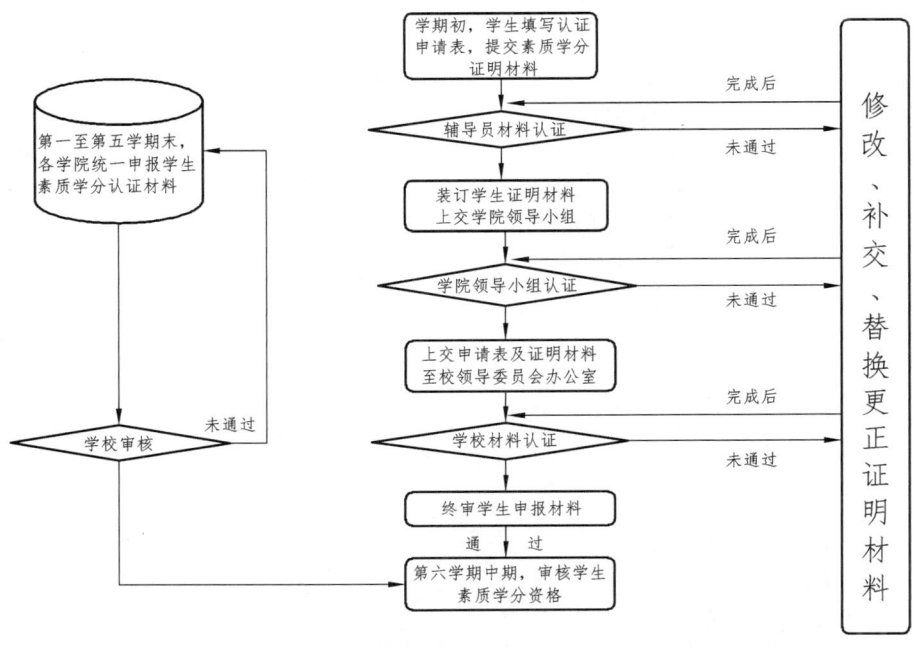

图 14 文化素质教育学分认证流程再造示意图

3. 行之有效的检测考评办法

人才培养模式上的改革与实践要取得成功，就必须有一套行之有效的检测考评办法。学校将文化素质教育纳入整体教育教学管理，成立文化素质教育委员会，出台考核办法，并纳入日常教育教学。特别地，在检测和考评过程中，需要对重点环节和核心评测指标进行收集和提炼，例如组织领导、师资队伍建设、文化环境、服务与保障、多学科渗透、教学效果、特色创新等。也即，目标评估体系要求领导高度重视、组织机构健全、工作规划翔实、执行措施到位、加强师资队伍建设、建立文化素质学校教师人才库；每年有专项资金用于课程建设、文化素质活动开展、校内外社会实践基地建设，进行文化设施建设、文化素质教育教材建设、网站建设，促进学术交流与研究等。同时，要对文化素质教育活动进行必要的过程监控和效果评估。

4. "五全"文化素质教育协同育人模式

从"全景熏陶、全程渗透、全员育人、全面影响、全体受益"五个方面着力，探索基于"五全"策略的文化素质教育培养新模式（图15）。

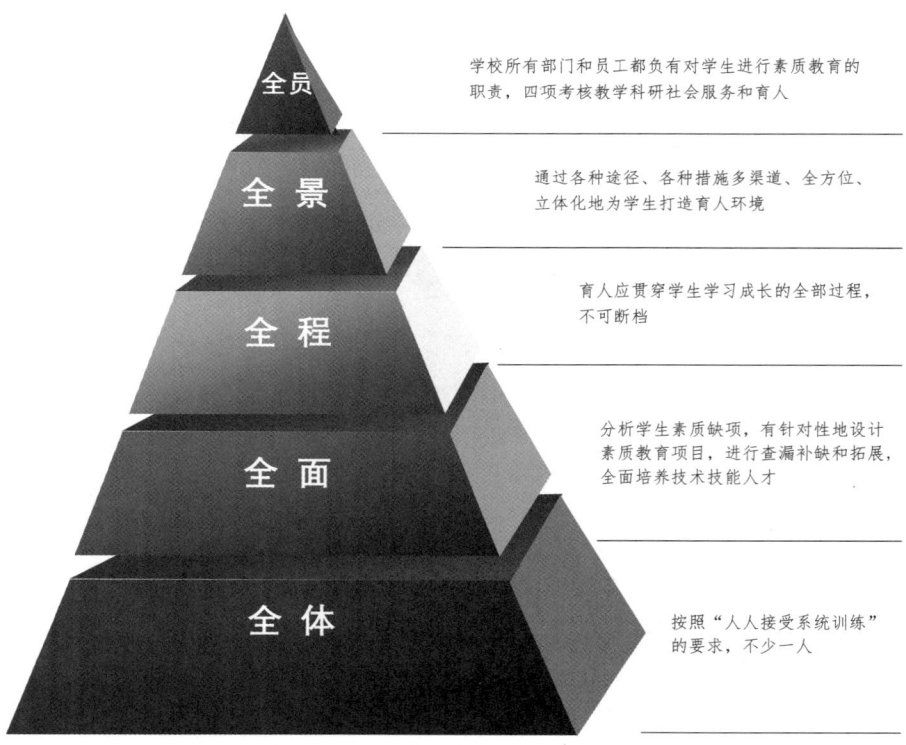

图 15 "五全发展"人才培养模式

第三部分 高职院校文化素质教育成效与机制

第一章 高职院校文化素质教育成果与成效

一、高职院校文化素质教育改革成果

1. 解决了对学生文化素质教育的可量化、可操作性跟踪和评估

基于对高职院校文化素质教育的顶层思考，通过对文化素质教育课程体系五个模块的设计，以及五个模块内容及功能的发挥，依托课程、讲座、社团、竞赛、培训、社会实践、文艺活动、人文展览等教育教学活动，促进学生的语言表达能力、文学鉴赏能力、沟通交流能力、观察分析能力、逻辑思维能力、审美能力、艺术创造与想象能力、创新（造）力、团队合作能力等17项子能力的培养。这样，便形成了以能力点为指标的培养标准，从而"量化"文化素质教育的核心能力构成，使核心能力培养目标清晰且体系化。

以此为基础，根据高职教育人才培养质量的内在要求，设计出可执行的质量评价标准。一方面，在40个评估指标中，将其中13个评价指标确定为核心指标；另一方面，在确定指标权重时，充分考虑了各因素对学生

文化素质教育质量的影响程度。在构建指标体系的过程中，尽可能多地采用可定量处理的指标，或尽可能地为指标找到定量处理的途径。

2. 创新探索了"五全"文化素质教育协同育人新模式

"五全"文化素质教育协同育人模式既是实施文化素质教育的客观要求、职业素养训练的好抓手、人才培养质量提升的大平台，是创新性落实教育部关于加强高职院校教育人才培养工作的有益探索和实践，也是我校在高职学生文化素质教育过程中的实证研究和归纳总结。对于只有20年历史的现代高职院校而言，高职学生文化素质教育的实施，必须整合校内所有有助于学生文化素质提高的教学资源，必须贯彻落实到全体教职员工的思想言行之中，必须贯通于课程教学、实践训练、心理咨询、教育管理、资助服务等各个方面，必须彰显职业教育的校企合作的特点并融通校园和职场文化，必须贯穿学生三年大学学习生活的始终，必须使全体接受高职教育的学生有所受益，使文化素质教育成为惠及每一个学生的有益沃土，为学生架构一个"全员参与、全景熏陶、全程渗透、全面影响、全体受益"的素质教育立体网格，形成孕育有机高职教育文化生态，促进学生文化品位与审美情趣、人文素养和科学素质提高的文化素质教育长效机制。

二、高职院校文化素质教育改革成效

1. 教育理念上开始重视文化素质教育

高职教育是工业化发展到一定阶段的产物，但因为起步晚，又以职业技能培养为特色和优势，其本身文化积淀相对单薄，文化底蕴不浓。高职教育在其发展过程中，经历了以技能教育为主到逐渐意识到仅有技术技能教育的不足，积极探索技术技能与人文并重的教育理念，并将其融入高职院校文化素质教育的指导思想。当前不少高职院校提出了"理论与实践并重，技术与人文融通"的教育理念，这是高职教育教育理念科学发展的结果。如上海职业技术学院提出了"融业务培养与素质教育为一体、融知识传授与能力培养为一体、融学习与创新为一体"的教育理念，较好地体现了文化素质教育的精神实质。例如深圳职业技术学院，开展了一系列教育教学改革，包括试行必修、选修和活动课三板块课程，主张在将专业理论和实习操作课作为必修课的同时，开设一定比例的文化素质教育课和与之相关联的活动课，以期更好地陶冶学生情操、启迪学生思维、提高文化品位。重庆大学职业技术学院提出"山"字回转体模型结构来描述知识、能力和素质的结构关系：其中，"山"字的底面代表以人文和科学教育为基础的素质平台，是学生能力发展的基础和承载支撑力，是实现可持续发展的基础。这种模型结构突出专业核心能力培养的同时，要求必须兼顾多种相关能力的培养，技术教育必须有人文教育的渗透和参与。作为全国首批高职示范院校，我校笃实践行"理论与实践并重，技术与人文融通"的高职教育新理念，起到了引领高职教育创新教育理念的示范带头作用。

2. 文化素质教育课程设置初见成效

随着人文素质教育观念的不断深入，越来越多的高职院校开始关注学生人文素质的提高，探索文化素质教育课程体系的构建。其基本载体之一是马克思主义理论课和思想品德课，通过引导和帮助学生树立正确的世界观、人生观和价值观，帮助学生增强民族自信心，培育学生的民族精神，有助于提升学生的人格修养，塑造学生的健康人格，形成昂扬向上的精神状态和开拓进取的人生态度。与此同时，众多高职院校还开设了"大学语文""演讲与口才""诗词欣赏""音乐鉴赏""美术欣赏"等方面的必选或公共选修课，甚至也规定了所应达到的学分数，较好地推进了学生对文化知识的学习和补充。部分高职院校还做出规定：工科类专业的学生必须选修一定数量的文科课程，文管类专业的学生必须选修一定数量的理工科课程。这些做法对于培养学生的形象思维、逻辑思维以及扩大学生的知识面无疑是有好处的，是值得进一步探索和提倡的。也即，高职院校在文化素质教育课程设置上已初见成效。经过4年多的探索，我校不仅重视文化素质教育课程的建设，并且已经以系统的观念构建了"目标—素质—能力—课程模块—课程"的课程架构模式和涵盖"语言与文学、历史与文化、哲学与人生、艺术与审美、社会与职场"五个模块的文化素质教育课程体系。

3. 有益于学生文化素质提高的校园文化建设得到普遍重视

近些年以各级教育主管部门制定的指导性文件为依据，高职院校把校园文化建设提上了工作日程，校园文化建设得到了普遍重视。一些高职院校建立了校园文化建设的管理机构，逐渐改变了高职院校校园文化建设组织松散的状态，使校园文化建设在人力、财力和物力上都得到了一定的保障。同时，越来越多的高职院校认识到构筑人文环境在校园建设中的重要地位，注重文化设施、人文景观等校园人文环境建设，使其能充分发挥潜移默化的育人作用。此外，高职院校充分利用各种场合和机会开展丰富多彩的校园文化活动，如晨读课上，学生朗诵古诗文；早操课上，师生同做礼仪操；晚自习课上，学生练习硬笔书法。力图使学生气质儒雅、举止文明、行为规范，为其可持续发展夯实基础。以我校为例，学校组建了校园文化建设领导小组，制定了校园文化建设"十三五"规划，以校园文化建设为切入点，强化精神标杆、强化制度规范、强化物质标识、强化行为引领，致力于航空精神文化、优秀传统文化、优美环境文化、特色专业文化、先进企业文化、鲜活创业文化的建设，营造良好发展氛围，潜移默化、以文化人，校园文化建设得到大力加强，促进了学校又好又快地发展。

4. 高素质的师资队伍成为文化素质教育的"活水源头"

高职教育的长远发展，师资队伍是关键，它为学生的成长成才提供了强大的"活水源泉"。在师资队伍建设过程中，许多高职院校聚焦制约专业技术技能达成、深刻影响专业人才培养质量的"双师型"教师队伍建设，同时越来越关注这些教师综合素质和"文化力"的提高。在注重文化素质教育课程对学生人文素质提高的同时，更加注重专业课程对学生文化素质提升的潜移默化作用。就我校而言，我们一方面加大对现有文化素质教育师资队伍的再培养，为他们提供参加学术会议、专题研究与社会实践的机会等，鼓励他们通过高校进修、报考在职博士研究生等方式提高学历层次和业务水平；另一方面，在充实学生文化素质教育及教育管理教师时，制定了严格的准入制度、考核制度和任用制度，以求引进高素质的优秀人才加入学生教育管理队伍之中。特别地，学校更加关注在专业课程教学和实践中对学生文化素质教育的专业渗透作用，越来越注重并大力加强专业课教师在教育理念和知识体系中对人文知识与人文理念、人文精神和科学精神、职业态度和职业精神的渗透培养，倡导、鼓励、要求专业教师在课堂教学和实践教学过程中有意识、有目的、有方法地教育学生，挖掘并发挥专业课对文化素质养成教育的潜移默化作用，既教书又育人。

第二章　高职院校文化素质教育的制度建设

天地节，四时成。制度是要求大家共同遵守的蕴含着思想理念和价值导向的办事规程或行动准则。基于文化素质问卷调查，为推进大学生文化素质学校建设，促进文化素质教育工作顺利开展，达成文化素质教育目标，学校建章立制，建立健全了高职院校文化素质教育的系列制度（如表13）。

表 13

序号	类别	名称
一	问卷调查	成都航院大学生文化素质学校问卷调查及统计表
二	学校章程	成都航院大学生文化素质学校章程
三	培养大纲	成都航院大学生文化素质教育培养大纲
四	制度建设	成都航院文化素质学校系列制度建设
五	建设方案与管理办法	成都航院文化素质学校建设方案
		成都航院大学生文化素质教育学分认证办法
		成都航院文化素质学校课程体系建设暂行办法
		高职文化素质教育评估标准及办法
		关于"成航大讲堂"实施办法
		关于社团活动学分获得的说明
		青年志愿者服务小时认定表
		有关主题团组织生活评比的说明
		文化素质教育学分认证操作流程
		文化素质教育学分认证流程再造示意图
六	组织结构与协同育人模型	成都航院大学生文化素质学校组织结构图
		文化素质教育模式体系图
		"五全"文化素质教育协同育人模式

一、问卷调查及统计表

成都航院大学生文化素质学校问卷调查及统计表

总投票数：2 362 人

1. 您认为，成立文化素质学校对大学生成长成才重要吗？（单选）
   - A. 非常重要　　89.26% [1 746 人]
   - B. 一般重要　　7.98% [156 人]
   - C. 不是很重要　　1.53% [30 人]
   - D. 不清楚重要与否　　0.82% [16 人]
   - E. 无所谓　　0.41% [8 人]

2. 在"语言与文学"类课程设置上，以下课程您非常想开设的是？（多选）
   - A. 普通话与口语交际　　64.06% [1 253 人]
   - B. 中国古典文学　　45.14% [883 人]
   - C. 中西方文学比较　　44.48% [870 人]
   - D. 辩论与演讲　　43.15% [844 人]
   - E. 诗歌（词）欣赏　　28.22% [552 人]
   - F. 中国现当代散文研究　　19.43% [380 人]

3. 在"历史与文化"类课程设置上，以下课程您非常想开设的是？（多选）
   - A. 文明通史：科技史源流　　37.47% [733 人]
   - B. 西方文明溯源　　35.58% [696 人]
   - C. 中国古代史　　51.43% [1 006 人]
   - D. 中西文化比较　　40.39% [790 人]
   - E. 人类学与社会文化演进　　36.25% [709 人]
   - F. 当代文化热点研究　　36.15% [707 人]

4. 在"哲学与人生"类课程设置上，以下课程您非常想开设的是？（多选）
   - A. 经济哲学　　51.99% [1 017 人]
   - B. 《道德经》与人生　　45.5% [890 人]
   - C. 《易经》的大智慧　　42.74% [836 人]
   - D. 伦理学导论　　35.58% [696 人]
   - E. 中西比较哲学　　38.8% [759 人]

F. 西方哲学史　　　　　　　　23.88% [467人]

5. 在"艺术与审美"类课程设置上,以下课程您非常想开设的是?(多选)

A. 美学与鉴赏　　　　　　　　53.78% [1 052人]
B. 音乐理论基础　　　　　　　51.48% [1 007人]
C. 大学书法　　　　　　　　　43.25% [846人]
D. 体育舞蹈(国际标准舞)　　 45.55% [891人]
E. 声乐艺术　　　　　　　　　36.04% [705人]
F. 艺术导论　　　　　　　　　24.85% [486人]

6. 在"社会与职场"类课程设置上,以下课程您非常想开设的是?(多选)

A. 人际关系发展理论与实践　　61.2% [1 197人]
B. 大学生生涯规划与职业发展　51.84% [1 014人]
C. 企业家素质与创业　　　　　45.09% [882人]
D. 法律理念与法律意识　　　　46.52% [910人]
E. 社会学导论　　　　　　　　29.55% [578人]
F. 情商管理　　　　　　　　　41.51% [812人]

7. 您认为,文化素质学校课程上课时间何时为宜?(单选)

A. 周一至周五某两天下午7、8节　　54.29% [1 062人]
B. 周一至周四某两天晚上9、10节　 32.06% [627人]
C. 周六全天　　　　　　　　　2.25% [44人]
D. 周一至周五某个全天　　　　5.62% [110人]
E. 其他　　　　　　　　　　　5.62% [110人]

8. 您觉得成为怎样的人比较符合理想?(单选)

A. 拥有足够的金钱　　　　　　37.07% [725人]
B. 拥有良好的人际关系　　　　28.07% [549人]
C. 拥有一定的社会地位　　　　10.28% [201人]
D. 自身修为很高　　　　　　　20.5% [401人]
E. 平淡自由,没什么追求,也不用承担什么压力　3.83% [75人]

9. 您认为,一个人的内涵气质从哪里体现?(单选)

A. 知识量　　　　　　　　　　37.32% [730人]
B. 专业技能　　　　　　　　　3.99% [78人]

C. 道德　　　　　　　　　　17.69% [346 人]

D. 自信　　　　　　　　　　9.36% [183 人]

E. 文化素质　　　　　　　　31.39% [614 人]

10. 您对我校即将开设的文化素质学校课程最关注的是什么？（单选）

A. 课程设置　　　　　　　　50.41% [986 人]

B. 教师教学态度　　　　　　6.19% [121 人]

C. 教学内容　　　　　　　　23.82% [466 人]

D. 教师教学及学术水平　　　15.08% [295 人]

E. 课程管理　　　　　　　　4.4% [86 人]

11. 您认为文化素质教育应主要通过什么形式进行？（单选）

A. 作为必修课程列入教学计划　　49.69% [972 人]

B. 各种"第二课堂"活动　　　　　8.28% [162 人]

C. "第一课堂"和"第二课堂"结合　20.86% [408 人]

D. 作为选修课程　　　　　　　　14.72% [288 人]

E. 学生自行安排　　　　　　　　6.29% [123 人]

12. 您觉得以下哪些问题在教务教学中尤为突出？（单选）

A. 教师教学态度不认真　　　　　40.49% [792 人]

B. 考核方式宽松，作弊现象严重　3.53% [69 人]

C. 课程结构、课堂组织不够合理　12.01% [235 人]

D. 教学方法陈旧，不能吸引学生　31.19% [610 人]

E. 课程安排不够优化　　　　　　12.58% [246 人]

13. 对以下文化素质描述，哪一句最适合您的情况？（单选）

A. 有特长　　　　　　　　　　　46.37% [907 人]

B. 各方面素质发展平衡　　　　　33.03% [646 人]

C. 没特长　　　　　　　　　　　15.49% [303 人]

D. 专业技能强　　　　　　　　　3.43% [67 人]

E. 不关心自身文化素质发展　　　1.53% [30 人]

14. 您心目中的优秀大学生是？（单选）

A. 积极进取　　　　　　　　　　59.87% [1 171 人]

B. 个性突出　　　　　　　　　　3.94% [77 人]

C. 能力突出　　　　　　　　　12.58% [246 人]
D. 踏实肯干　　　　　　　　　10.94% [214 人]
E. 自信好学　　　　　　　　　12.58% [246 人]

15. 您认为大学生文化素质发展的目标是什么？（单选）
    A. 使大学生能够很好地适应社会　　61.3% [1 199 人]
    B. 使大学生成为更加有能力的人　　9.2% [180 人]
    C. 使大学生能够生活得更加幸福　　5.78% [113 人]
    D. 使大学生更具国际视域　　　　　3.12% [61 人]
    E. 职业自信、理想自信和人生自信　20.5% [401 人]

16. 您平时是否看重对自己文化素质的培养？（单选）
    A. 非常重视　　　　　　　　　68.2% [1 334 人]
    B. 比较重视　　　　　　　　　20.86% [408 人]
    C. 一般　　　　　　　　　　　9.51% [186 人]
    D. 比较不重视　　　　　　　　0.97% [19 人]
    E. 非常不重视　　　　　　　　0.31% [6 人]

17. 您是否珍惜现在得到的教育机会？（单选）
    A. 得来不易，非常珍惜　　　　71.63% [1 401 人]
    B. 比较珍惜　　　　　　　　　23.72% [464 人]
    C. 不很看重，将来再做打算　　2.91% [57 人]
    D. 不看重　　　　　　　　　　0.66% [13 人]
    E. 说不清　　　　　　　　　　1.02% [20 人]

18. 您认为大学生文化素质学校与学院其他工作的关系是？（单选）
    A. 相对独立　　　　　　　　　　　49.44% [967 人]
    B. 渗透于学院的其他工作之中　　　12.27% [240 人]
    C. 既独立，又与其他工作密切结合　34.82% [681 人]
    D. 依附于学院的其他工作之中　　　2.51% [49 人]
    E. 其他情况　　　　　　　　　　　0.77% [15 人]

19. 您最担心文化素质学校建设发展中可能遇到的最大困难是？（单选）
    A. 教学设施、场地　　　　　　56.54% [1 106 人]
    B. 师资　　　　　　　　　　　8.23% [161 人]

C. 课程设置　　　　　　　　　　16.82% [329 人]
D. 学校领导重视与支持程度　　　15.75% [308 人]
E. 经费　　　　　　　　　　　　2.56% [50 人]
20. 您认为，哪些是当今某些大学生道德信仰缺陷的重要原因？（单选）
A.沉迷于网络生活　　　　　　　55.06% [1 077 人]
B.生活方式不同，习惯不同　　　14.57% [285 人]
C.社会风气的影响　　　　　　　21.98% [430 人]
D.社会政治的冷漠与投机　　　　6.95% [136 人]
E.信仰没什么作用，不需要有　　1.33% [26 人]

二、文化素质学校章程

成都航院文化素质学校章程

（修　订）

第一章　总则

第一条　本学校由成都航空职业技术学院批准成立，校名定为"成都航院大学生文化素质学校"。

第二条　坚持以马列主义、毛泽东思想、邓小平理论、"三个代表"重要思想、科学发展观和习近平新时代中国特色社会主义思想为指导，认真贯彻党的教育方针，遵循《中华人民共和国高等教育法》和《中华人民共和国职业教育法》的基本原则，为社会主义现代化建设和"科教兴国"战略服务，对受教育者进行思想政治教育和职业道德教育，传授知识和技能，进行职业指导，全面提高受教育者的素质，使之成为德、智、体、美、劳全面发展的社会主义事业的建设者和接班人。

第三条　本学校的办学宗旨：继承和弘扬中华民族优秀文化传统，吸收人类文明发展优秀成果，以转变教育思想、更新教育观念为先导，坚持思想性、科学性、知识性、实践性的统一，深入开展文化素质教育工作，以塑造学生的健全人格、科学精神和人文素养；加强文化素质教育工作的科学化、规范化和制度化建设，把文化素质教育落实到人才培养的全过程和教育、教学各环节；全面提高学生的思想道德素质、文化素质、专业素质和身心素质协调发展。进一步促进教育思想和教育观念转变，推动学校人才培养模式、课程体系和教学内容改革，全面推动我校大学生文化素质教育工作的纵深开展，培育文化素质教育的特色和品牌，全面提高学生的文化素质、教师的文化素养和学校的文化品位，发挥学校的示范和辐射作用。

第四条 组织机构：学校实行校长负责制，由成都航院党委书记任校长，分管学生工作的党委副书记任副校长。文化素质学校下设办公室，办公室主任由团委负责人兼任。

第五条 学校根据大学生文化素质教育发展的需要，确定办学方向、课程设置和制定教育教学改革与发展规划。

第六条 文化素质学校授课教师以成都航院在岗教师和外聘教师相结合的方式聘用。

第二章 总体目标

第七条 学校进一步完善文化素质教育课程体系、第二课堂教育体系，加强文化素质教育实践基地建设、文化素质教育师资队伍和理论成果建设、和谐校园人文环境建设，形成理论与实践相结合、教学与科研相结合、科学教育与人文教育相结合的育人环境。

第八条 以全面提高人才培养质量为目标，巩固成果，强化措施，深入推动，使学生的文化素质、教师的文化素养、学校的文化品位有明显提高，确保我校文化素质教育工作的总体水平有整体性突破。

第九条 发挥好课堂教学主渠道作用，建构适应社会发展和学生成长、成才需要的文化素质教育课程体系。建成一批文化素质教育精品课程。

第十条 组织开展多层次、多样化的文化素质教育活动，推动学生文化素质教育工作科学化、规范化、制度化，积极营造健康高雅、积极向上、丰富多彩的校园文化氛围和良好的育人环境。

第十一条 加强文化素质教育师资队伍建设，制定培训计划，加大培训力度，提高从事人文社会科学、艺术教育和自然科学教育师资的文化素养，形成一支文化素质教育的骨干教师队伍。

第十二条 积极开展文化素质教育理论和实践研究,探索文化素质教育与教学内容和课程体系改革相结合的新路子,组织开展大学生文化素质教育的理论和实践研究，培育一批文化素质教育理论研究和教学实践相结合的成果。

第三章　办学任务、内容和规模

第十三条　学校以培养学生成长成才为中心，教学活动以培养学生人文素养为中心，形式包括课堂教学、社团活动、培训、讲座、展览、文艺表演和社会实践。

第十四条　文化素质教育体系设置五个大类，即语言与文学、历史与文化、哲学与人生、艺术与审美、社会与职场等。

第十五条　根据对综合素质人才的需求，按照充分、合理提高学校教育资源利用率的原则，逐步在现有课程类别范围内设置更多符合时代发展需要的新内容。

第十六条　文化素质学校课程体系建设见《成都航院大学生文化素质学校课程管理办法（试行）》。学校办公室根据文化素质教育培养需求以及课程建设需要，每学年对所设课程体系进行审核、调整和完善。

第十七条　学校举办各类人文社科及专业知识讲座，邀请校内外专家来我校宣讲文化经典、解读社会热点、交流哲学艺术、陶冶审美情操。

第十八条　学校加强对学生团体的建设与管理，鼓励学生团体结合自身特点开展健康向上、主题鲜明的各种群众性活动；挖掘和丰富社团文化内涵，积极引导学生社团活动在内容和形式上向深度和广度发展，增加文化底蕴，提高文化格调，推出精品活动。

第十九条　学校组织举办丰富多彩的学生文化艺术节和其他文化艺术活动，提高大学生的艺术修养。办好大学生艺术团，重点培养一批艺术骨干。

第二十条　学校强化德育基地、爱国主义教育基地等校外大学生文化素质教育基地的建设。充分利用邓小平故居、三星堆博物馆、金沙遗址博物馆、建川博物馆等川内文化资源，对学生进行文化素质教育。与有关单位签订合同，加强学校与校外基地的联系。

第二十一条　通过项目化运作机制，组织学生开展丰富多彩的社会调查、社会服务、社会考察等社会实践和"三下乡"活动。

第四章　文化素质教育学分认证

第二十二条　文化素质教育共10个学分，是文化素质学校学分制的重要组成部分。要求学生在校期间，必须同时完成本专业人才培养方案规定的课程学分和文化素质教育学分方可毕业。学生毕业时的学业成绩单和文化素质教育学分成绩单同时装入学生档案。

第二十三条　文化素质学校办公室是学分认证的日常工作机构，负责全校学生文化素质教育学分的具体规划、指导、审核、监督等工作。各二级学院成立由分管学生工作和教务工作的领导、团总支书记、教务员等3~5名老师组成的文化素质教育学分认证工作组，各班成立由辅导员、学生干部和学生代表3~6人组成的学分认证工作小组，具体落实学生文化素质教育学分的审定、公示和上报工作。

第二十四条　教务处每学期末向文化素质学校提交下一学期计划开设课程方案，经审批确认后，方可计算学分。

第二十五条　课程方面要求学生在校期间，必须涉及两个以上类别，累计修满6个文化素质教育学分，其他修满4个学分方可毕业。学校及各二级学院在推优评奖工作中应将所获学分情况作为重要参考依据。

第二十六条　文化素质教育学分原则上须在前两个学年内修满，因特殊情况未修满规定学分的学生，须在第五学期第五周前提出补修申请。补修需经各二级学院审批，报文化素质学校备案。文化素质教育学分每学期认证一次。

第二十七条　凡弄虚作假申请文化素质教育学分的学生，一经发现取消该项目的学分，并视情节给予处理。

第二十八条　凡《成都航空职业技术学院大学生文化素质教育学分认证办法》中未涉及，但需要予以确认学分的项目由各二级学院申请，文化素质学校认定、批准后备案。

第五章　组织实施

第二十九条　学校要按要求做好文化素质教育的各项规划、组织实施、活动指导、活动认证，强化活动保障，严格考核标准，努力构建学生主动参与、教师热心指导、体系科学合理的文化素质组织管理和评价激励机制。

第三十条　分层规划文化素质教育活动。全校形成"学校规划活动+院系特色活动+班级自筹活动"的文化素质教育活动体系（班级自筹活动不纳入文化素质教育学分认证）。

第三十一条　学校适时开发文化素质教育信息管理系统，实现文化素质教育的规划审批、项目公告、学分认证等工作的信息化。

第三十二条　各二级学院均应创造条件，支持学生参加文化素质教育活动，在时间、场地、经费等方面提供保障，确保各项活动顺利进行。

第六章　师资队伍

第三十三条　为确保文化素质学校的教育质量，相关指导教师应具有较高的专业水平和丰富的教学及活动指导经验。对文化素质学校日常教育管理工作的兼职教师设兼职岗位及津贴。

第三十四条　建立培训制度，采取集中培训、不定期轮训、经验交流、教学观摩等形式，轮训从事学生文化素质教育的专、兼职教师，建设学生文化素质教育骨干教师队伍。

第三十五条　每年召开一次全校教学工作会议，研讨提高教师文化素养和人才培养的途径和方法，进一步把文化素质教育的思想贯彻到广大专业教师中去，做到身体力行，教书育人。

第三十六条　通过特聘客座教授、外聘教师等方式，邀请知名专家学者、艺术家"进校园、进课堂、进讲坛"，指导大学生开展文化素质教育特色精品活动，培育精品校园文化。

第三十七条　符合文化素质教育课程任课条件的教师，根据已经列入开课计划的课程提出开课申请。教师应填写《成都航院文化素质学校开课申请审批表》，并附课程教学大纲和课程简介，经教务处审核通过后成为文化素质教育课程主讲（指导）教师。

第三十八条　通过审核后的教师进入课程教师数据库，由教务处统一管理。

第七章　经费来源、财产和财务管理

第三十九条　文化素质学校经费来源于学校拨款。

第四十条　文化素质教育活动经费和课时酬金纳入学校预算，每年向学院书面申请，由学院统一划拨。

第四十一条　文化素质学校须加强财务审计和监督，接受财务、纪检部门的检查和指导。

第四十二条　文化素质学校建立健全财产管理制度，防止流失与浪费。

第八章　附　则

第四十三条　本《章程》由成都航院文化素质学校负责解释。

第四十四条 本《章程》从发布之日起执行。凡与本《章程》不符的规定停止执行。

第四十五条 本《章程》的修改，由文化素质学校领导小组负责，并经全体代表三分之二以上票数通过，报成都航院党委批准后执行。

三、文化素质教育大纲

成都航院文化素质教育培养大纲

一、制定依据

依据教育部《关于加强大学生文化素质教育的若干意见》文件精神，按照学院 2013 党政工作要点中提出"组建成立'成都航院大学生文化素质学校'"的具体要求；转变教育思想和教育观念，推动学院人才培养模式、课程体系和教学内容改革，全面推动我校大学生文化素质教育工作的纵深开展，培育文化素质教育的特色和品牌，全面提高学生的文化素质、教师的文化素养和学校的文化品位。

二、文化素质教育性质

大学生的基本素质包括思想道德素质、文化素质、专业素质和身体心理素质，其中文化素质是基础。文化素质教育重点指人文素质教育。通过加强对大学生文学、历史、哲学、艺术等人文社会科学方面的教育，同时加强对文科学生自然科学方面的教育，以提高全体大学生的文化品位、审美情趣、人文素养和科学素质。

三、文化素质教育定位

文化素质教育是一种新的教育思想和观念的体现，不是一种教育模式或分类。因此，要确立知识、能力、素质协调发展，共同提高的人才观，明确文化素质教育是高质量人才培养的重要组成部分，必须将文化素质教育贯穿于大学教育的全过程，进而实现教育的整体优化，应做到：

1．育人为本、促进成才——以文化素质课程建设为先导，注重课程内容的入脑入心教育；

2．倾心培育、全面深入——坚持社团、讲座、培训三位一体，促进学生综合素质全面提高；

3．精心组织、拓展素质——以团学组织为依托，以各类文体活动、社会实践和志愿者服务为载体，积极营造和谐育人环境；

4．校企合作、文化对接——注重培育"校企融合、学工一体"的工业文明养成教育。

四、文化素质教育整体目标

1．学校进一步完善文化素质教育课程体系，加强文化素质教育实践基地建设、文化素质教育师资队伍和理论成果建设、和谐校园人文环境建设，形成理论与实践相结合、教学与科研相结合、科学教育与人文教育相结合的育人环境。

2．以全面提高人才培养质量为目标，巩固成果，强化措施，深入推动，使学生的文化素质、教师的文化素养、学校的文化品位有明显提高，确保我校文化素质教育工作的总体水平有整体性突破。

3．发挥好课堂教学主渠道作用，建构适应社会发展和学生成长、成才需要的文化素质教育课程体系，建成一批文化素质教育精品课程。

4．组织开展多层次、多样化的文化素质教育活动，推动学生文化素质教育工作科学化、规范化、制度化，积极营造健康高雅、积极向上、丰富多彩的校园文化氛围和良好的育人环境。

5．加强文化素质教育师资队伍建设，制定培训计划，加大培训力度，提高从事人文社会科学、艺术教育和自然科学教育师资的文化素养，形成一支文化素质教育的骨干教师队伍。

6．积极开展文化素质教育理论和实践研究，探索文化素质教育与教学内容和课程体系改革相结合的新路子，组织开展大学生文化素质教育的理论和实践研究，培育一批文化素质教育理论研究和教学实践相结合的成果。

五、文化素质教育活动实施办法

（一）关于文化素质教育的学分认定

为确保文化素质教育开展的全面有序，文化素质教育以学分认定为保证，单独设定10个文化素质教育学分；要求学生在校期间，必须同时完成本专业人才培养方案规定的课程学分和文化素质教育学分方可毕业。

1．文化素质教育课程学分规定

（1）文化素质课程（必修6学分）。学生在校期间，至少应修够6个学分的文化素质课程。每学期文化素质学校办公室及教务处会将有关文化素质课程开课通知发至各系，学生可根据自己的兴趣及学习计划安排好文化素质课程选修计划。未修够文化素质教育课程学分不得毕业。

（2）文化素质课程包括五类，分别是：语言与文学类、历史与文化类、哲学与人生类、艺术与审美类、社会与职场类。要求学生在校期间，必须涉及两个以上类别。超出6个学分以外的文化素质教育学分不能冲抵专业学分。学校及各二级学院在推优评奖工作中应将所获学分情况作为重要参考依据。

2. 关于成航大讲堂学分规定

（1）成都航院文化素质学校每学期举办15场次以上的讲座报告。主讲人由校团委统一邀请，文化素质学校办公室对全校讲座实行统一管理。

（2）成航大讲堂的听众采取事先安排和自愿参加双重形式进行组织。讲座开始后对中途离场者（未返回）不计当次听讲座场数。

（3）成航大讲堂参与讲座最高修1.5学分。参与讲座未达三次不记分，三次记一分，第四、第五次每次记0.2分，第六次记0.1分。

3. 关于大学生社团文化活动学分规定

（1）大学生社团是指在校团委获得注册的学生社团。

（2）参与社团文化活动最高修1.5学分。每人最多能加入3个社团。

（3）协会级别：明星协会0.5分，优秀协会0.4分，注册协会0.3分；多社团学生不累加，注册会员参照会员注册标准。

（4）参加协会活动次数：参加协会活动10次得0.3学分，15次得0.4学分，20次以上每5次累计0.1学分（获取学分时间段为大一和大二两学年），累计不超过1学分（以社团联合会纪检部考勤为准）。

（5）参加校级以上活动，每次得0.1学分，可累计0.5学分（以社团联合会纪检部考勤为准）。

4. 关于校园文体活动学分规定

（1）校级校园文体活动参与者最高修2.5学分。

①入围学校举办的校园文化艺术节，航空科技文化节，社团科技文化周，"五四"文艺活动，"12·9"合唱比赛，各类创意大赛，语言类竞赛，歌咏、舞蹈、美术、书法、摄影大赛、征文比赛，各类体育竞赛及人文展览等，每项可得0.2学分。

②从"青马工程"培训班、团校、新生干部培训班学习并结业得0.3学分(与业余党校学分不叠加计算)。

③团委组织的主题团组织生活每次考核合格得0.1学分,此项累计不超过0.4学分。

④参加校级组织的暑期"三下乡"社会实践活动得0.2学分。

(2)二级学院校园文体活动参与者最高可得1.5学分。

①参加业余党校并结业得0.3学分。

②每学期期末二级学院上报送新学期活动项目计划,审核通过后自行组织的各类文体活动及科创活动,每项活动得0.2学分。同类活动以最高分计算,不累加。

③参加各项社会公益活动,0.2学分/20小时。

④积极投身社会实践活动,提交社会调查报告,经审核通过得0.2学分/次。

5. 关于科技创新活动学分规定

(1)科技创新活动最高可得1学分。

(2)被选入校级创新创业比赛或评比项目即加0.5学分;"挑战杯""创青春"入围即获0.5学分。

(3)科研活动(学术论文发表、"发明杯"入围专利授权)得0.5学分。

(二)文化素质课程类别说明

1. 语言与文学

教学目标:培养学生的语言表达、演讲与口语、文学鉴赏和沟通交际能力,帮助学生内修气质、外塑形象,实现"明智气华,善美容秀"的目标。

教学主要内容:课程。

考核及学分计算:

序号	课程名称	折算学时	学分	备注
1	大学语文	22	1.5	
2	中国文化概论	22	1.5	
3	基础写作	22	1.5	
……				

课程实施说明：教学基本条件（师资要求、场地条件、资源要求）、选课要求。

2．历史与文化

教学目标：培养学生的博闻强识、观察分析、文化理解等能力，使学生以史为鉴、以人为鉴，实现"修身保真，汇通今古"的目标。

教学主要内容：课程。

考核及学分计算：

序号	课程名称	折算学时	学分	备注
1	文明通史：科技史源流	22	1.5	
2	历史与政治	22	1.5	
3	中西方文化比较	22	1.5	
……				

课程实施说明：教学基本条件（师资要求、场地条件、资源要求）、选课要求。

3．哲学与人生

教学目标：培养学生的信仰能力、学习能力、逻辑思维能力等，帮助学生升华人格、提高境界、振奋精神，实现"启迪智慧，明晰航向"的目标。

教学主要内容：课程。

考核及学分计算：

序号	课程名称	折算学时	学分	备注
1	中西方哲学思想导读	22	1.5	
2	情商管理	22	1.5	
3	逻辑与方法	22	1.5	
……				

课程实施说明：教学基本条件（师资要求、场地条件、资源要求）、选课要求。

4．艺术与审美

教学目标：培养学生的审美、艺术创造与想象、艺术感知与欣赏等能力，帮助学生陶冶情操、净化心灵，实现"触及源泉，归之自然"的目标。

教学主要内容：课程。

考核及学分计算：

序号	课程名称	折算学时	学分	备注
1	艺术导论	22	1.5	
2	美学	22	1.5	
3	音乐基础	22	1.5	
……				

课程实施说明：教学基本条件（师资要求、场地条件、资源要求）、选课要求。

5．社会与职场

教学目标：培养学生的社交能力、创新能力、协作能力及发展能力等，使学生诚信立身、亲仁修德、人际和谐，实现"不在能知，乃在能行"的目标。

教学主要内容：课程。

考核及学分计算：

序号	课程名称	折算学时	学分	备注
1	当代世界经济与政治	22	1.5	
2	社会学原理应用	22	1.5	
3	大学生职业规划与发展	22	1.5	
……				

课程实施说明：教学基本条件（师资要求、场地条件、资源要求）、选课要求。

（三）其他说明

1．学生参加各项活动的学分，由承办活动的单位负责考查，并出具相关证明，主办单位最终认定。没有相关证明的不能获得学分。

2．各二级学院指导学生工作的书记/副书记负责学生文化素质教育学分的获得与登记工作。学生毕业前各学院教务员将修满文化素质学分的学生名单报送文化素质学校存档，并记入学生档案。

3．本培养大纲从 2014 级开始实施。

4．本培养大纲由成都航院文化素质学校办公室负责解释。

附件：文化素质学分计算一览表

下篇：高职院校大学生文化素质教育

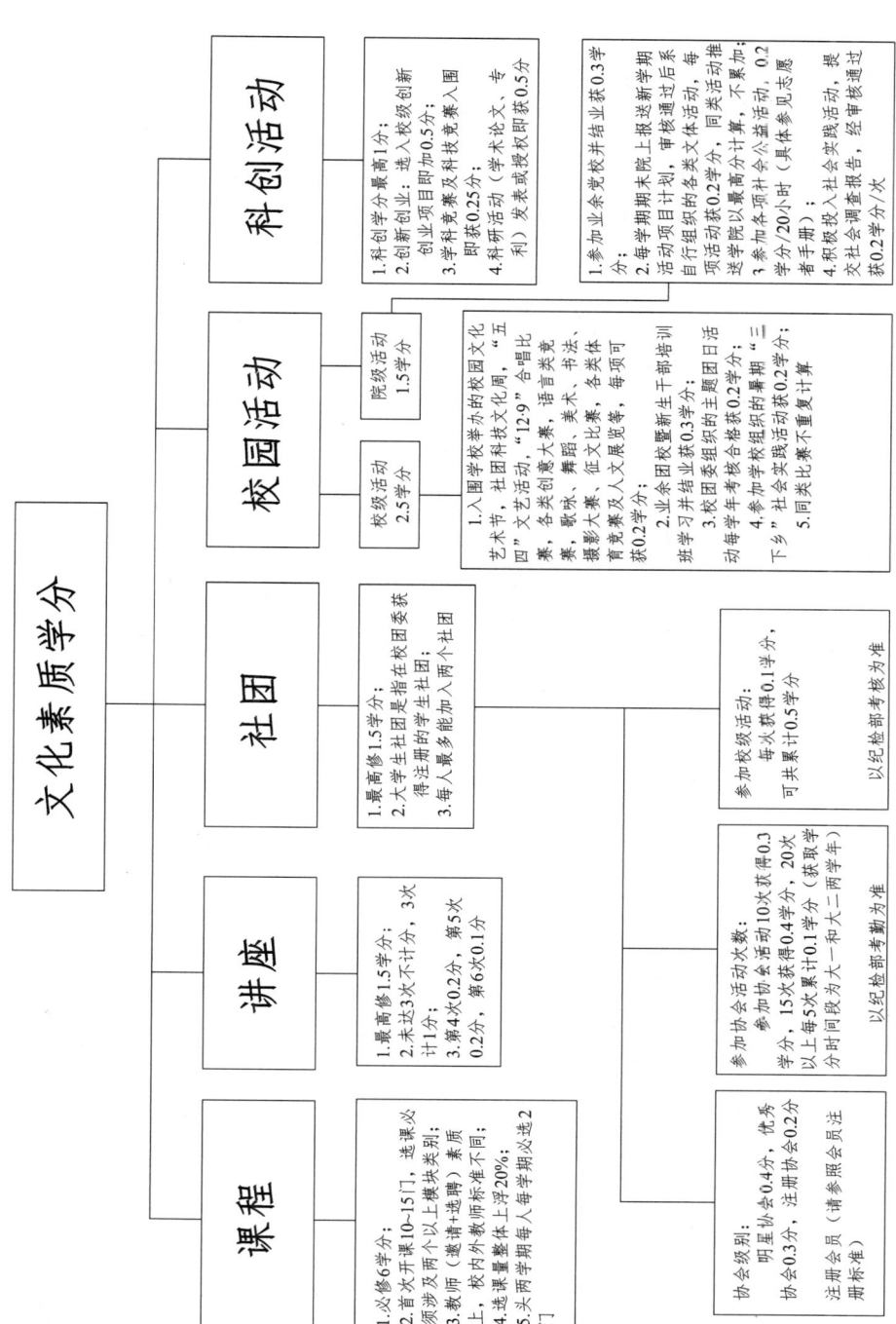

四、文化素质学校系列制度建设

（一）行政管理制度

教师职业道德规范

一、拥护中国共产党的领导，学习和宣传马列主义、毛泽东思想、邓小平理论、"三个代表"重要思想、科学发展观，以习近平新时代中国特色社会主义思想为指导，热爱教育事业，发扬奉献精神。

二、贯彻执行党的教育方针，遵循教育规律，尽职尽责，教书育人。

三、不断提高科学文化和教育理论水平，钻研业务，精益求精，实事求是，勇于创新。

四、面向全体学生，循循善诱，诲人不倦，保护学生的身心健康。

五、热爱学校，关心集体，谦虚谨慎，团结协作，遵纪守法，作风正派。

六、衣着整洁、大方，举止端庄，语言文明，礼貌待人，以身作则，为人师表。

校长职责

一、认真贯彻党的教育方针，执行党委决议。负责和做好学校各方面的工作。

二、领导、组织学校的文化素质教育工作，提高师生的综合素质。

三、加强文化素质教育师资队伍建设，制订培训计划，加大培训力度，提高从事人文社会科学、艺术教育和自然科学教育师资的文化素养，形成一支文化素质教育的骨干教师队伍。

四、监督教务工作，管好财务收支，关心师生身体健康。

五、每年召开一次全校教学工作会议，研讨提高教师文化素养和人才培养的途径和方法，进一步把文化素质教育的思想贯彻到广大专业教师中去，做到身体力行，教书育人。

办公室职责

一、对校长负责。全面管理文化素质学校的整体运行控制以及策划、组织、协调、审批工作。

二、组织开展多层次、多样化的文化素质教育活动，推动学生文化素质教育工作科学化、规范化、制度化，积极营造健康高雅、积极向上、丰富多彩的校园文化氛围和良好的育人环境。

三、积极开展文化素质教育理论和实践研究，探索文化素质教育与教学内容和课程体系改革相结合的新路子，组织开展大学生文化素质教育的理论和实践研究，培育一批文化素质教育理论研究和教学实践相结合的成果。

四、通过项目化运作机制，组织学生开展丰富多彩的社会调查、社会服务、社会考察等社会实践和"三下乡"活动。

五、举办各类人文社科及专业知识讲座，邀请校内外专家来我校宣讲文化经典、社会热点、学术专题。

六、加强对学生团体的建设与管理，鼓励学生团体结合自身特点开展健康向上、主题鲜明的各种群众性活动；挖掘和丰富社团文化内涵，积极引导学生社团活动在内容和形式上向深度和广度发展，增加文化底蕴，提高文化格调，推出精品活动。

七、组织举办丰富多彩的学生文化艺术节和其他文化艺术活动，提高大学生的艺术修养。办好大学生艺术团，重点培养一批艺术骨干。

八、通过特聘客座教授、外聘教师等方式，邀请知名专家学者、艺术家"进校园、进课堂、进讲坛"，指导大学生开展文化素质教育特色精品活动，培育精品校园文化。

教务部职责

一、协助校长全面贯彻执行党的教育方针，制订和实施教学计划。

二、负责对教学课程及教师进行评定；组织开课、选课、排课、编班、考试、成绩及学分管理等教务活动。

三、监督检查教学部各门课程的考核工作，组织教师开展业务学习。

四、负责编排课程表，分派教学任务。

五、负责同其他学校或业务单位进行业务联系，交流教学经验，收集教学资料。

六、负责征订教材和组织自编教材。

七、负责联系和聘请校外教师，检查聘请教师的教学工作，审核监督聘请教师的酬金发放。

八、制定和实施学生管理规章制度。

九、主管学生的考勤及奖惩工作，负责学生的操行评定。

十、搞好校风建设，抓好学生的学风、考风，严明学习纪律。

十一、负责学校选课、排课和学生编班工作。

十二、组织从事人文教育、社会科学教育和艺术教育的教师参与学生文化素质教育。建立培训制度，采取集中培训、不定期轮训、经验交流、学术研讨、教学观摩等形式，轮训从事学生文化素质教育的教师，建设学生文化素质教育骨干教师队伍。

教师工作职责

一、了解大学生文化素质教育培养发展动态，认真钻研教材，写好教案，不断提高担任课程的理论和教学水平。

二、懂得教育学、心理学，掌握教学基本原则和方法，既教书又教人。

三、抓好备课、课堂教学、实验实习、课外辅导、批发作业、考试考查等教学环节，重视培养学生的智力，有效地提高教学质量。

四、开展互相听课活动，及时总结经验。

五、课堂教学要做到科学性和思想性统一，传授系统知识与发展智力统一，反对照本宣科和满堂灌。

六、严格执行成绩考核制度。考试前要做好课程系统复习，加强辅导。

七、发扬教学民主，听取学生意见，改进教学工作。

辅导员职责

一、经常到班检查，掌握本班纪律情况，对存在问题要及时找出原因；查出违纪同学，加以批评教育。

二、自习自修时间要随时到课室或宿舍检查，确保学生的自习和作息时间。

三、定期召开读书会或学习交流会。

四、做好学生的思想政治教育工作。

五、加强与学生家长联系，对严重违反纪律的学生要及时通报其家长，共同做好教育帮助工作。

六、做好学生的成绩统计、评奖、操行评定和班级总结工作。

七、做好后进生的转化工作。

教职工年度考核制度

一、年度考核的目的是通过教师的德才和工作实绩做出正确的评价，推动文化素质学校教学质量的优化和完善，激励教师尽职尽责、开拓创新。

二、考核要贯彻客观公正、民主公开、注重工作实绩的原则，做到领导与群众相结合，定性与定量相结合，平时与年终相结合。

三、考核内容包括德、能、勤、绩四个方面，重点考核教学实绩。

四、考核等级分为优秀、称职、不称职三个等级。

五、年度考核每年进行一次，在年末或年初结合年终工作总结进行。

（二）财务管理制度

财务管理制度

一、坚持增收节支，厉行节约，反对铺张浪费。

二、各部门需向学生收取的费用，须先报校长审核，送办公室备案，不得乱收费。

三、各部门因工作需要开支款项，需经校长审批，严禁先开支后报销。

四、各部门如需购置物品，需提前一周送交计划。

五、严禁挪用公款。

六、报销单据或凭证一律要国家税务部门印制的发票或单据凭证，报销证单需有经手人、经办人和校长审批签名方可报销。

七、严格遵守财经纪律。

（三）课程管理制度

开课原则

一、课程内容要有利于提高学生以不同学科领域的视角分析问题、解决问题的综合能力及创新能力；有利于培养学生的人文情怀、审美情趣和健康人格；有利于引导学生了解各学科的前沿信息；有利于提高学生的思想道德水平和身体心理素质。

二、学校鼓励开设有特色的文化素质课程，以丰富文化素质学校课程体系。文化素质学校课程由任课老师提交开课申请报告，办公室和相关部门组织答辩会确定是否设置。

三、建设部分精品文化素质教育课程和优秀文化素质教育课程。

四、任课教师必须具备所申请开设课程相关的教育背景和学科知识，具有比较丰富的教学经验及开展相关研究的能力。文化素质教育课程名称与教学内容应相符。

五、每位教师每学期申请开设课程原则上不超过2门。

教学组织

一、教师应当保证课程质量，针对授课对象认真备课，不能从专业课程的内容中随意选讲，不得违背文化素质教育课程的开课原则。

二、任课教师可以推荐与课程学时、学分安排相适应的若干教材或参考资料，且应优先推荐国家级规划教材、面向21世纪课程教材、教育部各专业教学指导委员会推荐的文化素质教育优秀教材。学生购买教材实行自愿原则，并由学生自行采购。任课教师不得擅自推销教材或参考资料。

三、任课教师须在开课第1周内向教务处提交课程教学大纲（电子版）。

四、学校按照教学质量评价办法的规定对文化素质教育课程进行评估。教学效果好、教学质量高的课程，学校予以经费支持重点建设；经学生反映查证属实且专家评估认定教学效果差的课程予以停开，其任课教师两年内不能申请开设文化素质教育课程。

考核与成绩管理

一、文化素质教育课程的考核时间一般安排在课程最后2~4个学时进行。

二、文化素质教育课程一般为考查课程，理论较强的课程应为考试课程。考核方式由任课教师提出，教务处审核后确定并备案。需统一安排考试的课程，其排考、监考由教务处统一安排。开课教师应当在开课三周内向学生公布课程考核方式及要求。

三、实行统一考试课程的任课教师应在每学期第12周前，按学校有关规定将试题报送教务处，并注明考试方式（开卷或闭卷），由教务处统一安排制卷。

四、文化素质教育课程不设重修、补考。考核不合格者重选或改选其他课程，直至修满毕业要求文化素质学分。

五、考核结束后，任课教师应及时上传成绩单。不按时上传报送的，按照学校有关规定处理。

（四）学生管理制度

成绩考核

一、学生成绩考核包括学业成绩和实践成绩两个方面。

二、每学期结束，学校按教学计划规定科目要求对学生学业实行考试或考查。考试成绩按百分制评定，考查成绩按四级制评定（优秀、良好、及格、不及格）。

三、擅自缺考或因考场作弊者而被学校取消成绩按学校相关规定处理。

四、每学年结束，学校对学生实行操行评定。学生应进行个人总结，由辅导员通过对学生平时政治思想、纪律、道德品质行为、劳动等表现写出评语，并按四级评分制评定成绩。

五、学生要按时参加教学计划规定和学校统一安排的活动。学生上课、实习等实行考勤，因故缺席须请假，否则以旷课论。旷课以课时计。

学生守则

一、热爱祖国，拥护中国共产党的领导，坚持四项基本原则。

二、遵守国家法令法律和学校各项规章制度，不赌博、不吸毒、不吸烟、不酗酒、不观看和传播不良的书刊及音像制品、不参与封建迷信活动。

三、尊师守纪，不迟到、不旷课，上课专心听讲；刻苦学习，按时完成作业，理论联系实际，积极参加社会实践活动，努力提高自己的文化素质水平。

四、积极参加体育锻炼和健康的文娱活动，增进身心健康。

五、团结互助，热爱学校，尊敬师长。

六、发扬艰苦奋斗精神，生活节俭；热爱劳动，积极参加社会公益活动；爱护公物，节约水电。

七、言谈举止文明，不讲粗言秽语，不打架斗殴，衣着整洁，注重仪表美，保持良好的个人卫生习惯。

五、文化素质学校建设方案与管理办法

（一）文化素质学校建设方案

成都航院大学生文化素质学校建设方案

为了全面推进我校大学生文化素质教育工作的深入开展，贯彻落实教

育部《关于加强大学生文化素质教育的若干意见》文件精神，进一步促进教育思想和教育观念转变，推动学院人才培养模式、课程体系和教学内容改革，全面推动我校大学生文化素质教育工作的纵深开展，培育文化素质教育的特色和品牌，全面提高学生的文化素质、教师的文化素养和学校的文化品位，发挥学校的示范带头和辐射作用，特制定成都航院大学生文化素质学校建设方案。

一、指导思想、原则、目标

以邓小平"三个面向"教育思想为指导，全面贯彻落实党的教育方针和《中共中央国务院关于深化教育改革全面推进素质教育的决定》精神，继承和弘扬中华民族优秀文化传统，吸收人类文明发展优秀成果，以转变教育思想、更新教育观念为先导，坚持思想性、科学性、知识性、实践性的统一，深入开展文化素质教育工作，以塑造学生的健全人格、科学精神和人文素养；弘扬"航空报国、追求卓越"精神，秉承"明德、笃行、求实、创新"校训，发扬"勤奋、严谨、活泼、文明"校风，加强文化素质教育工作的科学化、规范化和制度化建设，把文化素质教育落实到人才培养的全过程和教育、教学各环节；全面提高学生的思想道德素质、文化素质、专业素质和身心素质协调发展，进而全面提高教育质量。

全面推进文化素质教育要坚持贯彻"育人为本、德育为先"的原则，注重培养大学生崇高的理想、坚定的信念、高尚的情操和良好的团队精神；要贯彻理论联系实际的原则，重在培养学生分析问题、解决问题的能力，体现实用型、应用型的培养目标；引导学生学会学习、学会生存、学会做人，全面发展。

二、组织领导及保障措施

（一）组织领导

为有效组织和开展学生文化素质教育的各项工作，成立"成都航院大学生文化素质学校"。由学校党委书记担任校长，分管学生工作的副书记任副校长。大学生文化素质学校下设办公室。

（二）保障措施

大学生文化素质学校建设分为三个阶段：启动阶段（2013年9月—2014年1月）、完善阶段（2014年3月—2015年2月）、成熟阶段（2015年3月）。

为保证大学生文化素质学校建设各阶段的有序推进，应加强大学生文化素质学校的"硬件"建设及各项经费投入，设置相应办公场所、购置办公设备、保障办公条件。大学生文化素质学校建设的经费要纳入学校的预算，确保各项工作的顺利开展。此外，学校应给予大力的政策支持，各相关职能部门明晰职责、积极联动。

三、具体任务及责任落实

（一）文化素质学校课程体系建设

详见《成都航院大学生文化素质学校课程体系建设暂行办法》。

（二）校园文化建设

1．举办各类人文社科及专业知识讲座，邀请校内外专家来我校宣讲文化经典、企业文化、社会热点、学术专题等。

2．加强对学生团体的建设与管理，鼓励学生团体结合自身特点开展健康向上、主题鲜明的各种群众性活动；挖掘和丰富社团文化内涵，积极引导学生社团活动在内容和形式上向深度和广度发展，增加文化底蕴，提高文化格调，推出精品活动。

3．组织举办丰富多彩的学生文化艺术节和其他文化艺术活动，提高大学生的艺术修养。办好大学生艺术团，重点培养一批艺术骨干。

4．组织大学生开展课外读书活动。编制学生阅读推荐书目，指导大学生阅读中外名著，各班开展形式各异的读书会，组织有关读书知识竞赛或征文比赛。

（三）校外文化素质教育基地建设

1．进一步强化德育基地、爱国主义教育基地等校外大学生文化素质教育基地的建设。充分利用邓小平故居、三星堆博物馆、金沙遗址博物馆、建川博物馆等川内文化资源，对学生进行文化素质教育。与有关单位签订合同，加强学校与校外基地的联系。

2．依托龙泉的区位优势，在经济开发区内选择航空、民航、机械、汽车等行业大型骨干企业，开展深层次校企合作，建立长期稳固的学生校外实习基地。各二级院系应根据自身学科和专业特点，建立二到三处校外教学实践基地，使社会实践教学与文化素质教育密切结合起来。

3．通过项目化运作机制，组织学生开展丰富多彩的社会调查、社会服务、社会考察等社会实践和"三下乡"活动。

（四）师资队伍建设

1．组织从事人文教育、社会科学教育和艺术教育的教师参与学生文化素质教育。建立培训制度，采取集中培训、不定期轮训、经验交流、学术研讨、教学观摩等形式，轮训从事学生文化素质教育的专、兼职教师，建设学生文化素质教育骨干教师队伍。

2．每年召开一次全校教学工作会议，研讨提高教师文化素养和人才培养的途径和方法，进一步把文化素质教育的思想贯彻到广大专业教师中去，做到身体力行，教书育人。

3．通过特聘客座教授、外聘教师等方式，邀请知名专家学者、艺术家"进校园、进课堂、进讲坛"，指导大学生开展文化素质教育特色精品活动，培育精品校园文化。

共青团成都航院委员会
二〇一四年六月三十日

（二）文化素质教育学分认证办法

成都航空职业技术学院大学生文化素质教育学分认证办法
（试行）

为培养思想品德优良的高素质创新型应用型人才，引导全体学生在"大学生文化素质学校"自我教育、自我管理、自我完善，建立更为科学的学生综合素质培养体系，探索有航空特色的实践教育教学新形式和新途径，根据《成都航院文化素质学校章程》精神，特制订本办法。

一、评价与授分原则

1．规范性与创新性相结合。坚持"以人为本"，既要求学生德智体美全面发展，又鼓励学生按照兴趣发展特长；既坚持课程标准严格学分评定，又结合实际鼓励学生拔尖创优。

2．科学性和可操作性相结合。文化素质教育评价采用学分制形式量化考核。在授予学分时，采用文化素质教育学分记分方式核算学分。要求每位学生毕业前必须修满12个文化素质教育学分。

二、学分认证体系

文化素质教育评价体系由学校、二级院系、班级三级平台、若干个模块构成。纳入学分的是文化素质教育课程、成航大讲堂、社团活动、校园文体活动、科创活动等模块，学生参加其中任何一个模块的学习和活动，都可以获得相应的文化素质教育学分。各模块学分审核认证和责任人分别如下：

模块内容	过程管理		学分审核及认证	牵头人
	校级	二级院系		
文化素质教育课程	教务处	二级学院院长	教务处	熊熙
成航大讲堂	团委（文化素质教育办公室）	二级学院书记	团委	陈玉华
社团文化活动	团委社团联合会	二级学院书记	团委	陈玉华
校园文体活动	团委（文化素质教育办公室）	二级学院书记	团委	陈玉华
科创活动	教务处（团委）	二级学院院长	团委	陈玉华

三、学分认证办法与分值

为统一规范，所有课程和活动一律采用学时计量。具体授分办法与分值规定如下：

（一）文化素质教育课程授分标准及要求（8）

学习方式	有关要求	学分标准	学分上限
面授	全程听课并课程考试合格	16学时/学分	8学分
远程	课程研究报告＋综合水平考核合格	16学时/学分	
说明： 1. 课程学时及学分由教务处核定。 2. 每位学生文化素质教育课程必须获得8学分。其中，"语言与文学""历史与文化""哲学与人生""艺术与审美""社会与职场"五大类别课程至少选修两大类别。（2014级试点，2015级全面实施）			

（二）成航大讲堂及党团校授分标准及要求（2）

	主办单位	有关要求	学分标准	学分上限
讲座、党课、团课	团委（文化素质学校办公室）	全程参加讲座	12学时/学分	1学分
	业余党校	考核合格，并取得结业证书	16学时/学分	1学分
	业余团校	考核合格，并取得结业证书	8学时/0.5学分	

说明：

1．成航大讲堂由成都航院大学生文化素质学校办公室统一认定学分。12学时计1学分，每听1次讲座计4个学时，听3次计1学分，听1次计0.3学分。讲座最高计1分。

2．学生在校期间先后参加业余党校、团校学习的给予学分计算。业余党校授课及考核由各系负责考核计分；团校授课及考核由团委负责考核计分。16学时计1分。党课团课最高共计1学分。

（三）校园活动授分标准及要求（4）

级别	活动内容	学时/次	学分标准	学分上限
学校	入围学校举办的校园文化艺术节，社团科技文化周，"五四"文艺活动，"12·9"合唱比赛，各类创意大赛，语言类竞赛，歌咏、舞蹈、美术、书法、摄影大赛、征文比赛，各类体育竞赛及人文展览等	2	20学时/学分	2.5学分
	院级暑期"三下乡"活动	10		
二级院系	院系常规活动及特色活动	1		1.5学分
	主题团组织生活	2		
	社会实践活动	2		

续表

说明：

1．校级校园文体活动参与者最高修 2.5 学分。每学分 20 学时。

（1）入围学校举办的校园文化艺术节，社团科技文化周，"五四"文艺活动，"12·9"合唱比赛，各类创意大赛，语言类竞赛，歌咏、舞蹈、美术、书法、摄影大赛、征文比赛，各类体育竞赛及人文展览等，每项活动演职人员计 2 学时。

（2）参加校级组织的暑期"三下乡"活动，考核合格计 10 学时。

2．院系级校园文体活动参与者最高修 1.5 学分。

（1）每学期期末各院系上报下一学期常规活动项目和特色活动计划，审核通过后系上所举办的相关文体活动学生参与并入围的方可计算学分，每项活动计 1 学时；临时增加的活动项目，原则上不计算学分。特别重要的须在活动开展前一周上报到文化素质学校，经审批确认后，方可计算学分。

（2）根据校团委要求，各院系组织开展主题团组织生活，每次考核合格获 2 学时，此项累计不超过 8 学时。

（3）积极投入社会实践活动，提交社会调查报告，经审核通过计 2 学时。每学年审核一次。

注：校级项目在院系进行的预选赛（选拔赛），学分以最高分计算，不累加。

（四）科技创新活动授分标准及要求（2）

	类别	学时/次	学分标准	有关要求：
创新发明	专利授权	8	16 学时/学分	1．科技创新活动最高 2 学分。 2．入选校级创新创业比赛或评比项目计 4 学时；入选校级以上（经相关部门认证）创新创业比赛或评比项目计 8 学时（如"挑战杯""发明杯"入围计 8 学时）。 3．科研活动（学术论文发表和创新发明）计 2~16 学时。
学术论文	国家级以上刊物	16		
	省级以上刊物	8		
	市级以上刊物	4		
	其他刊物	2		

（五）社团活动授分标准及要求（20学时/学分）（2）

活动级别	学时/次	活动要求
社团学习活动	1	社团常规学习训练
校级以上活动	4	代表学校参加活动

说明：

1．大学生社团是指在校团委获得注册的学生社团。

2．参与社团文化活动最高2学分。每人最多能加入3个社团。

3．参加协会活动学时计算：参加协会活动20学时得1学分，30学时得1.5学分，30学时以上每5次累计0.1学分（获取学分时间段为大一和大二两学年），累计不超过2学分（以社团联合会纪检部考勤为准）。

4．参加校级以上活动，每次计4学时，可累计10学时（以社团联合会纪检部考勤为准）。

四、学分认证程序和成绩登记

学校每学期末安排一次学生文化素质教育评价考核和登记、审核工作。其评定程序：

1．每位学生对照上述要求进行自评，认真填写《成都航空职业技术学院文化素质教育学分评价统计表》。

2．各班级团支部在班主任的指导下组织团支部、班委会干部对学生自评的《成都航空职业技术学院文化素质教育学分评价统计表》进行检查、核实，核算出每位学生的学生素质教育素质分和学分，在"确认人"栏签名，将上报各系。

3．院系团总支书记对各团支部上报的《学分评价统计表》进行审核，审核通过后，将学生文化素质教育学分统一登记，并存档。发现有弄虚作假者，该学期文化素质学分一律作0分处理。

4．评价结果处理：文化素质学分的高低作为在校学生相关评优评先的标准之一。学分记入学生成绩。

5．成绩管理：院系是开展文化素质教育和学分制评定的直接监管部门，应建立学生文化素质教育学分数据库，负责对学分进行审核、抽查和管理，每学期对所属院系学生的文化素质教育学分获取情况进行总评,对没有修满学分的学生及时提醒督促,确保学生顺利毕业。

五、此方案由成都航院大学生文化素质学校办公室负责解释、修改。

六、方案从文件下发之日起执行。

附件1:成航大讲堂讲座记录手册(模板)
附件2:成都航院校园文体活动记录手册(模板)
附件3:成都航院文化素质教育学分评价统计表

二〇一四年十二月三十日

附件 1：

成航大讲堂讲座记录手册（模板）

讲座名称			
主 讲 人		讲座地点	
讲座心得：			
确认人		授　分	

附件 2：

成都航院校园文体活动记录手册（模板）

主 办 方	
承 办 方	
活动名称	
活动内容	
起止时间	
地　　点	
确 认 人	
授　　分	
备　　注	

备注 1："确认人"一栏由班级认证小组成员填写；
备注 2："授分"一栏由各班辅导员统一填写，团总支书记审核。

附件3：

成都航空职业技术学院文化素质教育学分评价统计表

20　—20　学年第　　学期

学院_____学号_____班级_____姓名_____学时_____折合学分_____

一、文化素质教育课程模块（教务处审核）

课程名称	时间	确认人	授分	备注
总分				

二、成航大讲堂模块（学校团委审核）

讲座名称	时间	确认人	授分	备注
总分				

三、社团文化活动模块（社联审核）

活动名称	时间	确认人	授分	备注
总分				

四、校园活动（各院系审核）

活动名称	时间	确认人	授分	备注
总分				

备注1："确认人"一栏由班级认证小组成员填写；
备注2："授分"一栏由各班辅导员统一填写，团总支书记审核；
备注3：相关证明请附统计表之后，统计表如不够用，请另附一张。

（三）课程体系建设暂行办法

成都航院大学生文化素质学校课程体系建设暂行办法

第一章　总则

第一条　文化素质学校课程设置旨在通过加强文学、哲学、艺术、历史、经济、管理等人文社会科学方面以及通识性自然科学方面的教育，提高大学生的文化品位、审美情趣、人文素养和科学素质，培养具有社会适应能力和创新能力的复合型人才。为规范我校文化素质学校课程管理，推进我校大学生文化素质学校建设，制订本办法。

第二条　文化素质学校开设课程由教务处统一管理。学生除应取得本专业课程计划所规定的必修专业课学分之外，还应取得文化素质教育课程的要求学分方能毕业。

第二章　开课原则

第三条　课程内容应符合以下原则：

（一）有利于提高学生以不同学科领域的视角分析问题、解决问题的综合能力及创新能力。

（二）有利于培养学生的人文情怀、审美情趣和健康人格。

（三）有利于引导学生了解各学科的前沿信息。

（四）有利于提高学生的思想道德水平和身体心理素质。

第四条　文化素质课程设置原则上以教学部为单位独立设置，不依附各二级学院。课程以 1 学分为基本计量单位，根据各门课程差异设置相应学分，原则上每门课程不超过 2 学分。学生应至少修满 8 学分方能符合文化素质学校课程总学分要求。

第五条　学校鼓励开设有特色的文化素质课程，以丰富文化素质学校课程体系。文化素质学校课程由任课老师提交开课申请报告，教务处及相关部门组织答辩会确定是否设置。

第六条　学校将建设部分精品文化素质教育课程和优秀文化素质教育课程，并给予主讲教师提高相应课酬。

第七条　任课教师必须具备所申请开设课程相关的教育背景和学科知识，具有比较丰富的教学经验及开展相关研究的能力。文化素质教育课程名称与教学内容应相符；每位教师每学期申请开设课程原则上不超过2门。

第三章 开课程序

第八条 每学期的第10、11周为文化素质学校课程申报周。教师申请开设课程，应向教务处提交《成都航院大学生文化素质学校课程开课申请审批表》（附件1），并附课程教学大纲（附件2），于每学期的第12周统一将申报材料报送教务处。

第九条 教务处根据需要负责组织专家对申报课程及教师进行审定，并于每学期的第15周公布下学期所开文化素质教育课程的课程简介、授课时间和任课教师。

第十条 每门文化素质教育课程的选课人数原则上应达到100人方可开课。文化素质教育课程经第1轮选课后人数未达到最低开课人数的50%的课程停开，达到50%的参加第2轮选课，经第2轮选课仍未达到开课人数要求的课程停开。

第四章 选课程序

第十一条 学生从第二学期开始至第四学期开设文化素质教育课程，并在第五学期开始前修满规定的最低应修学分。

第十二条 每学期第17周学生可上网选课，选课结束后1周内公布选课结果。文化素质教育课程因故停开，学生须在第2轮选课时间内改选容量未达到上限的课程。

第十三条 选课结果一经确定，不能任意增减选课人数。如有特殊原因需增加者，应经教务处批准。

第五章 教学组织

第十四条 教师应当保证课程质量，针对授课对象认真备课，不能从专业课程的内容中随意选讲，不能违背文化素质教育课程的开课原则。

第十五条 任课教师可以推荐与课程学时、学分安排相适应的若干教材或参考资料，且应优先推荐国家级规划教材、面向21世纪课程教材、教育部各专业教学指导委员会推荐的文化素质教育优秀教材。学生购买教材实行自愿原则，并由学生自行购买。任课教师不得擅自销售教材或参考资料。

第十六条 任课教师须在开课第1周内向教务处提交课程教学大纲（电子版）。

第十七条　任课教师课时费计算标准：50元/学时（120人以内），选课人数多于120人每增加一人系数加0.01。授课时间：从周一至周五上下午时间与其他课程混合排课。两个学时为一次授课（每学时45分钟）。

第十八条　学校按照教学质量评价办法的规定对文化素质教育课程进行评估。教学效果好、教学质量高的课程，学校予以经费支持重点建设；经学生反映查证属实且专家评估认定教学效果差的课程予以停开，其任课教师2年内不能申请开设文化素质教育课程。

第六章　考核与成绩管理

第十九条　文化素质教育课程的考核时间一般安排在课程最后2个学时进行。

第二十条　文化素质教育课程一般为考查课程，理论较强课程应为考试课程。考核方式由任课教师提出，教务处审核后确定并备案。需统一安排考试的课程，其排考、监考由教务处统一安排。开课教师应当在开课三周内向学生公布课程考核方式及要求。

第二十一条　实行统一考试课程的任课教师应在每学期第12周前，按学校有关规定将试题报送教务处，并注明考试方式（开卷或闭卷），由教务处统一安排制卷。

第二十二条　文化素质教育课程不设重修、补考，考核不合格者重选或改选其他课程直至学分修满毕业要求。

第二十三条　考核结束后，任课教师应及时上传成绩单。不按时上传报送的，按照学校有关规定处理。

第七章　附　则

第二十四条　本办法适用于2014年及以后入校学生。

第二十五条　本办法由团委负责解释，自公布之日起执行。

附件1：成都航院大学生文化素质学校开课申请审批表

附件2：文化素质学校课程教学大纲格式

附件3：参考第一批开设的文化素质学校课程名称

附件4：高职院校文化素质教育评估标准（试行）

附件1：

成都航院大学生文化素质学校开课申请审批表

申报时间：　　年　　月　　日

课程名称		课程性质		教室要求		学时	
申请教师		职称		专业方向			
考核方式		所在单位（院、部）		联系电话			
教师简历							
课程简介（200字左右）							
教务部审批意见	（应对开课资格、课程性质及是否同意开设此课程等方面做出明确审核意见）						
文化素质学校审核意见	盖章：　　　　　　　　　　　　　　　年　　月　　日						

附件2：

（课程名称）文化素质学校课程教学大纲格式
（三号宋体加黑）

（课程英文名称，Times New Roman 四号）

课程学时（黑体，四号）：

课程学分（黑体，四号）：

一、课程的性质与任务（四号黑体）

说明本课程是何类文化素质课程以及教学目的和任务。

二、课程的内容与基本要求（四号黑体）

文化素质教育课程应以拓宽大学生的知识基础和眼界，提高大学生的文化品位、审美情趣、人文素养和科学精神为主旨。课程内容原则上应适合各专业背景的学生，体现出教学内容的范围和分量。

三、学时分配（四号黑体）

以表格的形式填写主要内容：章节、教学内容、课程时数分配；课后任务等。

四、教学方法与教学手段说明（四号黑体）

五、考核方式和要求（四号黑体）

六、教材与主要参考书目（四号黑体）

注：以上各项内容部分均用小四号宋体。

附件 3：
参考第一批开设的文化素质学校课程名称

1. 大学美育
2. 艺术导论
3. 美学与鉴赏
4. 美术鉴赏
5. 音乐鉴赏
6. 大学书法
7. 应用美术
8. 辩论与演讲
9. 交响音乐赏析
10. 舞蹈欣赏与实践
11. 体育舞蹈（国际标准舞）
12. 大学生健康教育
13. 大学生职业发展与就业指导
14. 文明通史：科技史源流
15. 《道德经》与人生
16. 《易经》诠析
17. 人际关系发展理论与实践
18. 企业家素质与创业
19. 中西方文学比较
20. 中西文化比较
21. 当代世界政治经济与国际关系
22. 法律理念与法律意识
23. 大学生求职技巧
24. 诗词格律与创作入门
25. 欧美历史文化
26. 中国古典文学

27. 中国现代社会思潮
28. 企业文化通论
29. 孙子兵法古今百战韬略
30. 社会学导论

附件4：

高职院校文化素质教育评估标准（试行，粗体字为关键指标）

序号	评估内容	评估指标	评估分值	评估办法
1	组织领导（10分）	1.1 领导重视程度	3	查阅汇报材料；查阅会议记录
		1.2 组织机构	3	查阅文件
		1.3 工作规划	2	查阅学校规划；查阅工作计划
		1.4 落实措施	2	查阅会议记录
2	师资队伍建设（15分）	2.1 师生比例	2	查阅教师花名册
		2.2 学历结构	2	查阅教师业务档案
		2.3 年龄结构	2	查阅教师花名册
		2.4 职称结构	2	查阅教师档案
		2.5 师资结构	2	查阅培训规划
		2.6 师资素质	3	查阅考核记录
		2.7 外出学校考察交流	2	查阅会议通知和参加会议的有关资料
3	科研著作（10分）	3.1 科研规划和奖励	2	查阅规划和制度
		3.2 论文（专著）发表（出版）情况	2	查阅发表论文、出版专著统计表；查阅论文、专著获奖证书
		3.3 科研立项	2	查阅科研项目立项书
		3.4 科研成果	2	查验获奖证书
		3.5 科研活动	2	翻阅会议记录、会议签到单
4	优化环境（10分）	4.1 学风建设	1.5	查阅图书借阅登记册、学习笔记
		4.2 出勤率	1.5	查阅学生上课考核记录
		4.3 学习氛围	1.5	学术讲座记录
		4.4 网络建设	1.5	参观校园网，查阅有关资料
		4.5 社团建设	1.5	查阅有关章程、制度、组织机构、活动记录等
		4.6 橱窗建设	1.5	参观、实地察看及翻阅有关记录、记载
5	管理与保障（15分）	5.1 管理制度	2	查阅管理制度和文件资料

续表

序号	评估内容	评估指标	评估分值	评估办法
5	管理与保障（15分）	5.2 管理质量	4	查阅教学质量评估有关制度、资料
		5.3 经费保障	3	期中组织查阅财务账表，考核经费使用情况
		5.4 图书资料	2	参观图书馆资料室，查阅图书资料分类统计册
		5.5 设备	2	电化教学设备室，观看有关节目内容，查阅有关资料
		5.6 场地	2	各单位积极配合提供教育教学场地
6	教育教学内容（10分）	6.1 教育思想	3	开展问卷调查、学生座谈、主题活动等进行考核
		6.2 课程设置	4	查阅专业教学计划、开设课程目录及学生成绩档案
		6.3 课程情况	4	查阅教材档案，查阅有关制度，翻阅听、评课记录
		6.4 教材	3	考核教学计划、授课计划，翻阅教材目录
		6.5 听课评课	2	查看教学文件，查阅有关制度，翻阅听、评课记录
		6.6 教学文件	4	查阅教学进程、授课计划
7	知识能力素质（10分）	7.1 文化知识	3	批改学生成长记录簿
		7.2 人文精神	2	考核学生成绩册及参加社会实践活动记录
		7.3 科学精神	2	考核学生成绩册及参加社会实践活动记录
		7.4 综合能力	3	查阅文化素质学分研修情况；考核社会实践成绩
8	特色（10分）	8.1 创新	4	组织文化素质教育教学成果评比；评议毕业论文（设计）
		8.2 成效	6	通过第三方评估等

（四）文化讲座实施办法

关于"成航大讲堂"实施办法
（修　订）

为了全面贯彻落实教育部《关于加强大学生文化素质教育的若干意见》文件精神，进一步促进教育思想和教育观念转变，适应学校发展的良好形势，进一步加强校内外学术交流，营造浓郁的学术氛围，开阔学生视野，丰富学生知识，树立良好的校园学风，特制订《成航大讲堂实施办法》。

一、关于讲座的内容

1．以马列主义、毛泽东思想、邓小平理论、"三个代表"重要思想、科学发展观、习近平新时代中国特色社会主义思想为指导，不得出现违背四项基本原则、违背党和国家的路线、方针、政策的言论和观点。

2．讲座内容涉及"语言与文学""历史与文化""哲学与人生""艺术与审美""社会与职场"等五个方面。

3．讲座要求内容新颖，能及时吸纳各领域最新发展动态，培养学生对知识的深入理解与运用，进一步完善学生的专业知识结构，拓宽学生视野，拓展学生思维。

4．选题要适当，尤其要注重抓住学生关注的热点问题，并给学生以正确引导。

二、主讲人资格

邀请校内外教授、学者、企业专家、业内翘楚和一线教师。必须具有丰富的教学经验和演讲技巧，能深入浅出、鞭辟入里地阐明讲座主题。

三、讲座学分

成航大讲堂参与讲座最高修1.5学分。参与讲座未达三次不记分，三次记1分，第四、第五次每次记0.2分，第六次记0.1分。

四、讲座主讲人酬金标准（按上级文件标准执行）

1．校内教师：按绩效管理要求发放。

2．外聘教师（讲师、副教授）、学者：1 200元以内/次。

3．外聘教授、专家：2 000元以内/次。

4．外聘优秀讲座团队：2 000元以内/次。

5．全国著名学者专家、院士：3 000 元以内/次。

6．特殊讲座酬金标准按特殊情况对待，由主管校领导审批。

五、讲座管理考核程序

1．成都航院文化素质学校每学期举办 15 场次以上的讲座报告。主讲人由校团委统一邀请。文化素质学校办公室对全校讲座实行统一管理。

2．校团委具体安排讲座时间，张贴宣传海报，落实讲座场所。讲座的承办院系（院校学生会学习部）负责当天讲座考勤任务并负责拍照和记录讲座内容，讲座后第二天交与校学生会学习部统一存档备案。

3．每次讲座前三十分钟组织学生入场，校学生会学习部负责监督及会务工作。

（1）每场讲座的听众采取事先安排和自愿参加双重形式进行组织。其中由院系派遣的听众集中考勤，自愿参加者单独登记考勤。

（2）各院系安排的听众原则上以班级为单位组织参加；入场前由轮值学院学生会学习部在场外以班级为单位清点人数进行考勤记录。

（3）讲座开始后对中途离场者（未返回）不计当次听讲座场数。校学生会学习部将在每次讲座结束后按协办院系考勤数据统计汇总，最终的文化素质教育学分（讲座部分）以此考勤为核算依据。

六、本规定自公布之日起施行。

（五）社团活动学分说明

关于社团活动学分获得的说明

一、学分的分配

大学生社团活动总分为 2 学分，分为三个部分，分别是：

1．注册会员（最高 0.5 学分）：每个会员将在每年的 10 月份加入协会，每年 6 月份注册，其中相隔 2 学期，满足注册要求的会员将准予注册；当年没达到注册标准的会员可以在第二和第三学年继续申请注册；只要在校期间注册过一次，将根据协会的不同，给予 0.5、0.4、0.3 学分。注册会员学分不累加，以最高一个协会的学分为准（明星社团 0.5 分，优秀社团 0.4 分，注册社团 0.3 分；明星、优秀、注册社团的比例将按照社团总数的五分之一、五分之一、五分之三分配）。

2．社团活动（最高1学分）：社团会员参加社团活动10次获得0.3学分，以后每参加5次获得0.1学分，最高累计不超过0.5学分。获取学分时间为学生在校期间（报名2~3个协会的会员活动可以累加）。

3．参加校级以上活动（最高0.5学分）：社团参加或承办经团委认定的校级以上活动的会员，参加一次获得0.2学分，最高累计不超过0.5学分，获取学分时间为学生在校期间（如"高新杯"乒乓球赛、成都市高校棋类比赛等）。

二、学分获得认定

1．注册会员考核标准以会员注册标准为准，由社联纪检部考核、社联办公室审核、文化素质学校办公室终审合格获得学分。

2．社团活动考核标准由社联纪检部考勤、社联办公室审核、文化素质学校办公室终审合格获得学分。

3．校级以上活动考核标准由文化素质学校办公室认定、协会上交活动报表，参加完活动上交活动材料，经文化素质学校办公室审核后获得学分。

三、社团活动考勤流程

1．社团会员领取会员证，并在会员证上填写入会时间，社联盖章有效。

2．社联告知会员们随身携带会员证，每次参加活动的时候社联纪检部会当场盖章和填写活动时间和地点。

3．协会到社联领取活动申请表，并当场填写，写完由社联活动部审核完毕上交社联指导老师审核；审核合格后协会方可开展协会活动（流程时间10分钟左右）。

4．协会开展活动，社联纪检部两个干部在现场点名参与活动的会员，并在会员证上盖章签字和填写日期地点；并在点名册上标记已到和未到的会员。考勤结束后即刻返回社联办公室上交点名册，由社联办公室保管，考勤册第二天中午前上交文化素质学校办公室。

5．每天由文化素质学校老师（专人）巡视协会活动。

6．每个月由文化素质学校办公室整理一次协会活动的考勤，并在社联办公室外面公示3天。

7．每学期在校团委网站或文化素质学校网站上公示协会活动的参与情况。

8．文化素质学校对协会活动的参与次数有最终解释权。

四、会员注册标准（略）

附件 1：成都航院青年志愿者活动服务小时认定表

附件1：

成都航院青年志愿者活动服务小时认定表

申请单位				
活动名称			活动参与人数	
活动时间			活动地点	
负责人姓名			联系方式	
活动项目概况			申请单位签字盖章： 年　月　日	
志愿服务小时数申请及认定（在申请的小时数后打钩）	A. 0.5小时　　B. 1小时 C. 1.5小时　　D. 2小时 E. 3小时　　　F. 4小时 社会实践部最终认定小时数：		被服务单位意见	被服务单位盖章签字： 年　月　日
志愿者分队指导老师意见	老师签字： 年　月　日 （加盖部门公章）	志愿者总队意见	认定人签字： 年　月　日 （加盖部门公章）	

备注：
1. 此表提前一天以上由各分队领取填好，并且做相关登记。
2. 每次志愿者活动服务小时数不超过4小时（如有特殊情况，提前提交申请）。
3. 必须在每次志愿活动完毕后两个星期以内上交此表认证，逾期一律不予认证。
4. 认证时应将此表和志愿者名单一并提交，缺一不可。
5. 领表地点和认证地点均在团委学生办公室社会实践部。
6. 此表格解释及认证由学校团委负责。

（六）主题团组织生活评比细则

有关主题团组织生活评比的说明

开展主题团组织生活是贯彻落实团中央《关于进一步加强团的基层组织制度建设的意见》文件精神，符合学校党委及上级团组织关于加强现代大学生文化素质的要求，是加强基层团建工作的有效途径。通过开展各种意义深刻、形式新颖的团日活动，增强学生的组织意识，培养学生的创新意识，扩大团组织的号召力和凝聚力，发挥团组织育人功能，探索新形势下基层团组织生活的新形式、新载体，调动团员青年积极加入基层团组织建设中去。

一、指导思想

深入贯彻学习党的十九大精神和习近平总书记五四重要讲话精神，着力开展主题教育实践活动。在已有的基础上，进一步发挥校团委的引领作用，组织各基层团组织积极开展有思想性、教育性、时代性的主题团日活动，引导青年学生充分发挥当代青年的求知、创新精神及责任感。注重提高基层团建的科学化、规范化、制度化及团员教育经常化。

二、主题团组织生活流程须知

1．各班团支部围绕校团委每月制定的主题自行拟定活动题目、方案、开展时间及地点，上报到所在院系团总支组织部，一学年任意申报两次。

2．各院系团总支汇总活动方案，并根据各团支部报送的活动方案先后顺序进行审核（以符合主题为标准），确定各团支部活动开展的时间和地点后上报校团委组织部（每份方案附活动策划书一份）。

3．校团委组织部将根据各院系上报的活动方案，分若干小组进行检查。

4．各班团支部在活动结束后一周内将活动总结交于各院系团总支，各院系组织部经整理核实后将活动总结上交校团委组织部通过考核。

三、主题团组织生活学分计算

各班团支部根据团委拟定主题，一年申报两次团日活动；每次考核通过计 0.1 分，满分 0.4 分。

四、团组织生活主题

校团委结合工作实际，积极组织开展各种有益于支部建设、有益于大学生成长成才的团日活动，力求推陈出新，实现主题团日活动月月有主题，全校各基层团支部可参照当月的主题进行主题团日活动的设计和实施。

三月：弘扬雷锋精神，争做志愿先锋。大力弘扬雷锋奉献精神，加强学生的思想道德教育，提高学生的社会责任感、创新精神和实践能力，成为新时期雷锋精神的传播者、弘扬者和践行者。

四月：缅怀革命先烈，弘扬革命精神。进一步弘扬民族精神，切实加强大学生的思想道德建设和爱国主义教育，促进学校精神文明与和谐校园的建设，激励同学们刻苦成才、立志报国。

五月：传"五四"精神，展青春风采。纪念"五四"运动，弘扬"五四"精神，展现青年学子多姿多彩的文化生活和青春向上的精神风貌。

六月：创优良校风，做合格大学生。为提高我校广大学生的纪律意识、诚信意识，加强校园文化建设，净化校园环境，积极营造良好的学习氛围，为全面构建和谐校园打造坚实基础。

九月：感念师恩，尊师重教。在校园中营造尊师重教的氛围，在师生间搭建沟通交流的平台，激励广大学生认真学习，理解、支持学校发展，以优良的成绩报答老师的辛勤教诲，以良好的学风和精神面貌迎接学校的检阅。

十月：规划大学生涯，奠定就业基础。积极引导大学生勇敢面对职场挑战，传播和普及职业规划理念；学习求职技能，增强学生发展的目的性与计划性；扩大个人成长发展空间，提升应对竞争的能力，树立正确的成才观和就业观。

十一月：活力青春，魅力校园。结合一年一度的校园文化艺术节，通过开展多种形式的团日活动，展示学生的文艺才华和创造力，拓展学生的文艺素养，陶冶学生的艺术情操，营造清新和谐的校园文化氛围。

十二月：我与祖国共奋进。纪念"一二·九"运动，引导学生回顾历史、勿忘国耻，增强学生的民族自尊心和责任感，使学生意识到青年兴则国家兴、青年强则国家强，激励学生肩负振兴中华的历史使命。

五、主题团组织生活考核要求

1. 各院系团总支、各班团支部要高度重视此项工作，广泛动员，认真筹划，周密安排，切实落实各项工作。

2．紧密围绕所选主题，突出主题，对主题理解到位，有典型教育意义。

3．同学参与积极主动，活动组织有力有序，全班同学出勤率不低于90%。

4．活动有班级特色，内容形式新颖。

附件1：主题团组织生活考核表
附件2：主题团组织生活申报表

附件 1：

主题团组织生活考核表

支部：　　　　　主题：　　　　　时间：

地点：　　　　　应到人数：　　　　实到人数：

考核项目	分值	备注
一、活动策划（10 分） 1．策划书的完整程度（5 分） 2．策划书与举办活动内容相符（5 分）		
二、主题与内容（40 分） 1．紧密围绕所选主题，突出主题（15 分） 2．活动内容现实意义强，有典型教育意义，积极向上，符合时代精神（15 分） 3．内容形式新颖，创新性强，富有特色（10 分）		
三、活动组织情况及活动质量（30 分） 1．活动按时开展，活动前、后期材料完备（5 分） 2．现场布置情况（5 分） 3．现场纪律、秩序、卫生情况（5 分） 4．组织有序、程序流畅（5 分） 5．同学积极热情，互动率高（5 分） 6．活动达到预期目的及效果（5 分）		
四、后期活动总结与宣传（15 分）		
五、考勤分（根据出勤率打分）（5 分）		
总计（100 分）		

缺席本次团组织生活人员名单：

附件 2：

主题团组织生活申报表

团总支名称			
团支部名称			
团组织生活名称（主题）			
负责人		联系方式	
指导老师		联系方式	
活动概述	（包括时间、地点、参与人员、面向对象等）		
活动策划			

（七）文化素质教育模式能力培养

成都航院文化素质教育模式能力培养树状图

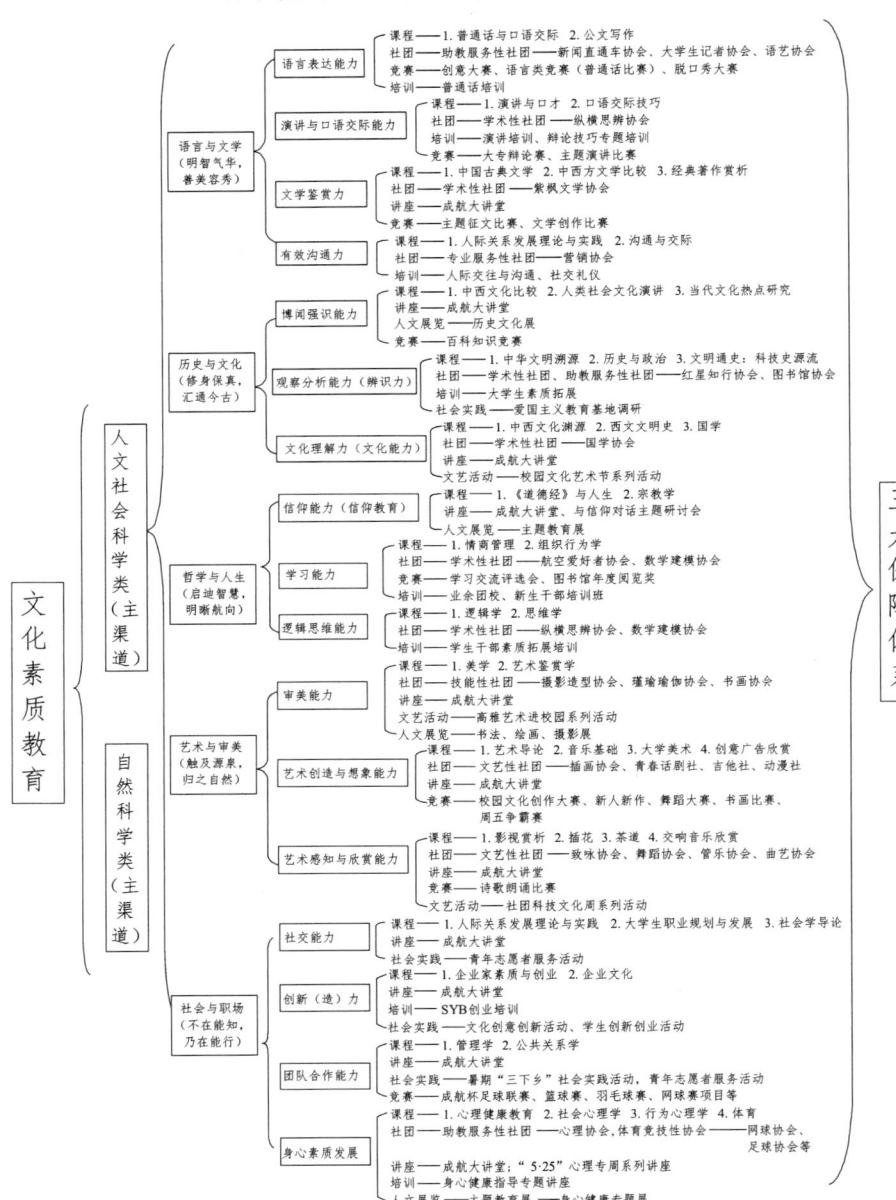

第三章　高职院校文化素质教育的创新突破

高职院校的文化素质教育是人才培养中的重要组成部分，是履行大学传承文化和全面育人工作的重要功能和使命。与本科院校相比，高职院校文化素质教育起步较晚，应广泛摄取其丰富的理论知识和实践经验，明确高等职业教育使命，认清高职院校办学理念，培养科学精神和人文理想兼备的社会人才，遵循高职教育的内在规律开拓创新，努力充实高职院校大学生文化素质教育的理论内容和实践探索。从近些年实际开展情况来看，目前多数高职院校在文化素质教育方面处于积极探索实践阶段，有了一些自己的做法和体会。不可否认的是，还有小部分院校仍将工作重点放在如何扩大办学规模上，放在提高学生就业率上，忽视对学生职业精神和文化素质的培养；为了就业，过于注重现实技术技能掌握，而忽视制约人的职业素质、职业精神和人文素养的养成教育。成都航空职业技术学院（以下简称成都航院）通过对高职院校文化素质教育特点和需求的研究探讨，顶层设计文化素质教育模式，致力于破解高职院校大学生文化素质培养的规模性、系统性、多样性、专业性、灵活性问题，形成一些创新突破。

一、全面深化文化素质教育理念，注重课程内容的入脑入心

各级各类教育的最终目的都应该是促进人的全面发展。以人文素质为重心的文化素质教育的目的在于弘扬人文精神、践行发展理念，提高人的文化品位、审美情趣和人文素养，进而实现发展人性、完善人格的主要目标。因此，在专业课程教学中融入文化素质教育，最根本的问题就是要贯彻落实"以人为本"的教育教学理念，这是教师应具备的基本执教素质。

对于高职教育而言，在三年的学习期间，需要每一位教师都尊重学生、关爱学生，并在教学过程中有意识地运用课程教育教学资源，结合课程教学内容渗透文化素质教育，发掘每一门课程中的文化属性、知识输送中的文化内涵、技术技能传授中的文化特质，培育高职大学生的人文素养、科学态度、家国情怀、工匠精神和正确人生观、世界观等，使学生真正获得快乐工作、幸福生活的能力。例如，在成都航院开设基本技能、专门技能和综合维修技能实践课程的大型航空机务维修实训基地之内，"成于人、精于技、敬于业"巨幅文字悬挂于实训基地的正面墙上，宣示着高职实践环节教育教学对于做事先做人、成才先成人的重视与关注。也即，通过深化高职院校各门课程的教育教学理念，通过理论和实践课程传递人文精神，塑造有着健全人格、专业技术技能和职业精神的高素质技术技能人才，把文化育人和文化素质教育的要求在各类课程和实践活动中加以推进，取得了传递人文精神润物细无声的良好效果。至于如何核定文化素质教育课程开设是否有效？如何判断课程内容是否能入脑入心？现在越来越突出的矛盾是课程内容本身。像"导读""概论""原理"等这些课程内容,还是工业革命时期确定下来的教育模式，那个时代人们的知识储备直接决定其未来发展，所以必须用这种课程教育方式来培养人才。可现今社会，个人发展需要的能力全变了。比如艺术感知能力,它代表着一个驾驭复杂情况和不确定性的基本能力，在当下社会显得尤为重要。再如沟通协作能力，即融入社群并且得到他人帮助的能力，其对人的长远发展有着基础性的作用。还有好奇心，也就是在那些新事物当中找到自我存在方式的能力。因此，教育课程的内容能否深入高职学生的心，关键在于是否从人的具体需求出发。譬如开设一门文化素质课"如何择业"，把公共关系学、心理学、管理学、行为学、经济学、法学，甚至神经科学等多学科内容渗透融合，而这个时候原来的知识体系就会被重新整合，学生更愿意去主动接受，进而获得良好效果。

二、构建与专业教育有机结合的文化素质教育人才培养体系

从规格教育来说，系统、完整的高职教育体系应当既包括专业技术技

能的培养也包括文化素质的教育。在人才培养时注重应用技术教育和文化素质教育并行不悖、交互融通，这对增强高职学生全人发展具有重要意义。注重文化素质教育与专业建设发展的并重、互动、交叉与融合，对于增强高职学生的文化素质具有重要意义。在打造具有高职院校特色的文化素质教育人才培养模式时，首先要明确培养理工科学生"人文情怀+创新精神+社会应用能力"，经管、文、法学生"人文情怀+创新精神+实践操作能力"均衡发展的人才培养目标，将知行合一作为所有教育教学活动的核心任务。高职院校文化素质教育应将文化素质教育体系导入专业教学计划，使之成为专业人才培养体系的有机组成部分，通过整合集成实现文理渗透。成都航院对此进行了深入思考与积极探索。学校将专业技术学习和文化素质教育统筹考虑，在保证专业课程知识范畴的基础上，把文化素质教育活动顶层设计为"五大模块、两个平台、十七项能力、八方承载"。凝练出文化素质教育体系的五个模块（语言与文学模块、历史与文化模块、哲学与人生模块、艺术与审美模块、社会与职场模块），"两个平台"（文化素质教育课程平台和文化活动发展平台），再通过五大模块内容及功能来培养学生 17 项具体能力，各项能力的培养又依托文化课程、专题讲座、兴趣社团、文体竞赛、主题培训、社会实践、素质拓展、人文展览等来具体承载。需要强调的是，为了使文化素质教育长效贯穿职业能力培养的全过程，提升学生的可持续发展力，成都航院归纳整合了思想分类引导实践、素质拓展实践、职业规划实践、心智体能实践、双创发展实践、社会服务实践等类型的活动，大力发展了学术研究、思想理论、网络信息、公益服务、创新创业、文艺体育等六大类 70 余个学生社团，建设了"绿色校园、人文校园、信息校园、职业（航空）文化校园"等特色鲜明的校园文化，使文化素质教育各个环节体现中华优秀传统文化、艺术与美，实现校企互动、双向介入。这些教育形式的设计和有序开展是由本校教师（双师型教师）、外请专家、学校的"大师工作室"成员和同学们共同策划实施的，创新了高职院校的文化素质教育守正出新——与社会对接、与企业合作、与工学结合，进一步增强高职院校文化素质教育的针对性、差异性和特色性，除了达成一般文化素质教育的目标之外，还强化了学生的社会担当和使命感，有效地培养了学生的职业规范意识。

三、以校园文化建设为重要载体，发挥校园人文环境的优势

丰富多彩的校园文化生活是高职院校开展文化素质教育的沃土。众所周知，校园文化是一所高校在履行大学四项基本职责尤其是弘扬传统、传承文明和探索创新中，以人为本，营造健康向上、朝气蓬勃、体现核心价值观的文化。萦绕在学生日常学习和生活中的校园文化是天然的教育力量，具有非常直接的引导力量。一是坚持社团、讲座、培训三位一体，促进学生综合素质全面提高。成都航院根据"文化塑校"的理念，加强学生社团建设，注重内涵式发展，本着自主管理的原则，社团发展要规模化、精品化、特色化，真正形成百花齐放、百家争鸣的局面。讲座要以社团活动的多样性为依托，以各类培训为补充，通过有效组织达到受众人群全覆盖，全面推动文化素质教育工作的纵深开展，培育特色和品牌。二是以团学组织为依托，以各类思想引领活动、社会实践和志愿者服务活动为载体，积极营造和谐育人环境。开展各类文体科创活动，倡导主流文化，引导学生形成正确的价值观。成都航院在"爱国主义教育月"中，成功举办了爱国、爱校、爱家主题团日活动，军歌大赛（士官生），航空航天发展史展览，国防军事装备展，国旗仪仗队风采展示活动，爱国知识竞赛与"爱我国防"征文、演讲比赛等全校性活动，激发了大家的爱国主义热情，用社会主义核心价值体系引领校园思潮，凝聚学生共识。这也正是以文化人、活动育人以及文化素质教育的目的所在。三是全面调动教职员工投入文化建设的积极性，彰显教师的主导作用，并把校园文化建设纳入学校发展的总体规划，树立校园文化建设人人有责、全员共建的意识。成都航院和各二级学院在运动会上不仅开展常规的学生田径运动竞技比赛项目，同时进行航模表演、军体拳（武术）表演、航空机务士官队列操练等，增加娱乐师生身心的"趣味"项目。还比如每年组织开展的优秀教师、优秀教育工作者（优秀辅导员）、优秀青年教师以及"最喜欢的老师"评选活动，既弘扬了高尚师德，树立了师德先进典型，也进一步和谐了师生关系，进一步形成尊师重教的良好风尚。再比如，创设开展的包括笃学尚行、乐于助人、见义勇为、尊老敬亲、诚实守信等类别的成都航院"学生好人榜"，彰本分之要、叙仁义之音、行大爱之事、扬美德之风、溢诚信之美，是莘莘学子每年渴

盼的人文大戏，是我校文化素质教育的一抹亮色，也是学校校园文化建设的靓丽名片。

四、建设文化素质学分认证系统，强化文化素质教育的管控

文化素质教育开展是否全面有序与学分认证是否合理、有章可循有直接关系。文化素质教育必须以学分认证为执行基础，通过必修学分予以保障。例如成都航院制定并出台了《大学生文化素质教育学分认证办法》，要求学生在校期间，必须同时完成人才培养方案规定的专业课程学分和文化素质教育学分方可毕业。与此同时，学校在推优评奖工作中将文化素质学分获得情况作为重要参考依据。学生毕业时的学业成绩单和文化素质教育学分成绩单同时装入学生档案。为了进一步加强高职院校文化素质教育的管控，学分认证应有专（兼）职的岗位设置，负责全校学生文化素质教育学分的具体规划、指导、审核、监督等工作，应制定明确的文化素质教育学分认证操作流程。成都航院在多年的文化素质教育实践中摸索出一套行之有效的管理方法：每学期末确定下一学期开设的文化素质课程，由各院（系、部）提交下一学期活动项目方案；相关部门进行汇总、审批、公布；依据计划学校开设文化素质课程、组织常规和特色活动（临时性、阶段性和创新性校园文化活动的组织由牵头单位负责发起和实施），学生选择参与；紧接着，相关部门对学生获取文化素质教育学分进行记录、核查，汇总文化素质学分记录。有条件的学校应该通过开发相关文化素质学分认证软件应用程序（APP）实时记录学时（学分）。通过实行学分认证办法（操作系统），使得文化素质教育在执行中可控可查可量化。

五、以培育人文精神为目的，改革文化素质教育的考核办法

不能简单把文化素质教育认为就是"宽口径专业教育"，也不能机械地等同为"通识教育""全人教育""通才教育""教养教育"，甚至异化为"综合技能教育"。在文化素质教育的考核实施办法上，如果没有实现对"人文精神"的度量，其文化素质教育的意义和价值将大打折扣。究竟文化素质

教育做得如何、效果怎样，必须通过一套科学的考核办法来检验。成都航院在开展文化素质教育实践中实证研究表明，使学生养成良好的人文精神，关键在教育教学活动中，通过文化内涵的提炼内化在学生的行为养成上、思想观念里、人格塑造中，引导学生从未来职场发展要求出发，主动思考生活、思考社会、思考人生。这是文化素质教育应有之义，也是对文化素质教育的应有考核。当然，教育工作者在对文化素质教育的考核中并不排斥对基本文化知识、基本文明常识、基本理论概念基于理解基础上的记忆和掌握。为此，基于对学生知识迁移能力的掌握和综合实践能力的提升，成都航院创新性地探索并尝试进行了以下两种方式的考核：在进行"知"的效果评价上，主要以小论文、体验式总结、学习心得、阶段小结、实践报告、策划方案、项目文案、交流发言稿等能体现知识运用能力的文字形式认定；在进行"行"的效果评价上，主要以校园文体活动、志愿者服务、讲座展览、创新创业发展、社会实践、社团文化建设等为载体，通过将对各类活动的参与状况和组织交往关系相结合，以每个学生与他人、组织、社会的良性互动时间为依据，考察学生的感知与实际行为能力，从而进行学时认定。这两种考核方式的具体实施者，可以是负责文化素质课程教学的教师，从事具体学生工作的班主任、辅导员，也可以是校、院、系负责文化素质教育的工作老师等。虽然高职院校大学生文化素质教育实践发展还在继续探索中，但要坚信，只有不断创新突破，才能给予接受文化素质教育的学生一个更公平、真实且符合文化素质教育宗旨的客观评价。

第四部分 高职院校文化素质教育理论研究

一、文化素质教育的历史发展

20世纪50年代，由于全盘向苏联老大哥学习，大学教育中过分强调专才教育，通识教育中断了近半个世纪。20世纪90年代，周远清先生等有识之士提出了富有中国特色的文化素质教育理念，大学教育中的文化素质教育重新拉开大幕。文化素质教育与中国的素质教育理念相得益彰，在教育部的大力倡导下，各高校全面开花，推动了中国高等教育深刻变革。

（一）高校文化素质教育在上世纪末试点推广（1995—2000年）

1995年，原国家教委高教司发布《关于开展大学生文化素质教育试点工作的通知》，有计划地在一些高校试点大学生文化素质教育；一呼而集，久盛不衰；1998年，教育部通过《关于加强大学生文化素质教育的若干意见》，具体阐述了高校文化素质教育的内涵和实施办法，第一次把文化素质教育放入高校人才培养改革。在试点的基础上，教育部成立了高等学校文化素质教育指导委员会，1999年1月批准建立第一批包括53所高校在内的32个"国家大学生文化素质教育基地"。同年6月，党中央、国务院召开第三次全国教育工作会议，从国家战略的高度对新世纪教育改革发展作出重要部署，会议期间发布了《关于深化教育改革 全面推进素质教育的决定》，这个决定是构建新世纪中国特色社会主义教育体系的纲领性文件。从此，文化素质教育打开了春天的大门。同年9月，教育部又在武汉召开"认真贯彻全教会精神，加强文化素质教育工作研讨会"，明确了大学生的文化素质教育要纳入教学计划，深度融入人才培养全过程，并以制度一以贯之。会上统一了认识：加强文化素质教育是促进社会协调进步和可持续发展的重要举措，是符合建设有中国特色社会主义现代化的需要，是我国高等教育改革和发展的需要。2000年6月，为更好建设基地，教育部高教司委托高等学校文化素质教育指导委员会制定了《国家大学生文化素质教育基地建设的实施意见》。这个阶段各高校文化素质教育的组织机构、管理制度和运行机制普遍得以建立，文化素质教育研究及实践活动焕发勃勃生机，一批理论研究和实践成果涌现出来。

1. 素质、素质教育与文化素质教育内涵及其时代意义

研究认为，素质是在人的先天生理基础上，经过后天教育和社会环境的影响，由知识内化而形成的相对稳定的心理品质。素质教育是以提高人才素质为重要内容和目的的教育，素质教育强调在人才培养的过程中，融传授知识、培养能力和提高素质为一体，能够正确地处理好知识、能力与素质三者的关系，促进协调发展。文化素质教育是结合1995年我国高等教育改革人文教育薄弱突出的实际，有针对性地对大学生进行文、史、哲、艺术等人文社会科学和自然科学方面的教育，以提高大学生的审美情趣、文化品位、人文素养和科学素质。加强文化素质教育是高等教育加强素质教育、深化人才培养模式改革的一个重要切入点，在提高人才的整体素质中具有重要的基础性的地位和作用。实践证明，开展大学生文化素质教育，有利于全面贯彻落实党的教育方针政策，弥补我国高校人才培养中的不足，符合我国高校教育改革发展的实际，顺应时代潮流和世界教育改革与发展的趋势。

2. 教育三要素：知识、能力、素质

研究认为，知识、能力、素质是素质教育中的三个要素，并且是相辅相成的；同时，在高等教育中贯彻素质教育的思想，对传授知识、培养能力赋予了新的内涵，提出了新的要求，对现行的教学方法也提出了挑战。知识是素质形成和提高的基础，没有相应的知识的武装，不可能内化和升

华为更高的心理品格；从素质教育的思想出发，传授给学生的知识除了专业的有关知识外，更应重视学生"为人""做人"所必备的知识，即相关的人文、社会、自然科学的知识。能力是素质的一种外在表现，所以培养学生什么样的能力也是非常重要的，从全面提高学生的整体素质出发，更要注重培养学生的社会交往，与他人共处、共事、合作，即"做人"的能力。素质与知识、能力密切相关，但素质是更深层次的东西，素质提高的过程也更加复杂。所以，加强或注重素质教育，就要更加注重渗透性的教育、养成型的教育，更加注重受教育者的体验、内化过程，为此就应更加注重实践，包括各种社会实践。仅仅是表层知识的灌输和简单的说教是与素质教育背道而驰的，因此素质教育要求教育方法的变革与更新。

3. 四项素质：思想道德、文化、业务、身心

研究认为，素质具体包括思想道德素质、文化素质、业务素质和身心素质。四者的关系是：思想道德素质是灵魂，文化素质是基础，业务素质是本领，身心素质是本钱。就文化素质教育来说，一方面，为学生学好业务打好文化基础，有助于学生理解专业知识、掌握专业技能；另一方面，从更深层次推动专业教育。业务素质是学生服务于社会的特殊本领，大学生具有较高的文化素质，无论在专业学习上，还是在实际工作中，都能够坚韧不拔、顽强拼搏，克服一切困难去完成学业和工作。对于身体心理素质而言，具有较高文化素质的人，懂得生命的价值和意义，能够爱惜生命、重视健康，形成科学的思维方法和生活方式，进而使自己能够应付和承受来自外界的各种困难和压力。

4. 蓬勃的素质实践活动："第二课堂"、文化素质教育选修课程

加强文化素质教育是高等学校加强素质教育、改革人才培养模式的重要切入点，但由于不同的高校对文化素质教育的理解有很大的差异，因此素质教育的着重点也有不同。有的重视课程体系的规划，有的重视第二课堂的建设，有的将两者结合，还有新教育模式的实践。对此，香港中文大学张灿辉等学者在《内地三市五校文化素质教育考察报告》中将这些情况大致分为了三类："第一类以开展活动多彩的课外文化活动，即第二课程，

为推动文化素质教育的主要渠道。中国人民大学和华中科技大学在这方面成绩卓著。第二类以建设文化素质教育课程为实施文化素质教育的重点，其中以清华大学核心课程和北京大学的通选课程最具代表性，华中科技大学亦着手在这方面进行建设。最后，是以更为全面的学制改革去实现文化素质教育，北京大学的元培计划和复旦大学复旦学院的成立，已引起内地对新型培养模式如火如荼的讨论，此类文化素质教育实践形式备受关注。"

总之，文化素质教育已成为高等学校教育改革的一个方向。但是，各大学基本上是从各自对政策的理解、办学理念、实际条件和需要出发，设置学制和课程来实施素质教育。因此，文化素质教育仍然处于寻求理念、制度、资源、实践等各方面的探索、改革和建设进程之中。

（二）高校文化素质教育在新世纪探索发展（2000—2010年）

新世纪伊始，文化素质教育由开始的一呼百应慢慢沉静下来，从推广阶段转入摸索前行阶段。由于在初期阶段的广泛宣传和尝试，高校文化素质教育覆盖面和辐射度越来越大，开始触及大学教育理念、人才培养模式的整体改革。这时的文化素质教育理论研究和交流活动明显变少，发展速度放缓，原因在于：一方面，可能与1999年开始的大学扩招有关，高校在较长一个时期要面对学生人数的陡然增加与师资力量、教学设备、专业建设等严重不足的矛盾；另一方面，可能是前期的理论建设和实际操作中的结构性偏差。这个时候很多高校开始另辟蹊径、借石攻玉，试图学习我国香港、台湾地区的全人教育、通识教育，日本的教养教育，美国的通才教育、宏通教育、普通教育等理念和方法，寻求新路径。一些大学开始设置各类通识教育选修课（文化素质教育选修课），努力探索通识教育基础上的"宽口径专业教育"人才培养模式；还有一些大学通过设立具有教学管理职能的大类学生教育管理单位或具有改革试验性质的二级教学单位来达成文化素质教育和通识教育的相辅相成。

（三）文化素质教育在新时期深改提质（2010年—）

经过21世纪头十年的探索实践与再思考，到了2010年，文化素质教育由表及里进入深层次的改革提质阶段。这时候大家的教育观念有了很大改变，大学生的文化素质明显改善，老师的文化素养大幅提高。2010年颁布《国家中长期教育改革和发展规划纲要（2010—2020年）》第一次把素质教育明确定位为教育改革发展的战略主题，核心是解决好培养什么人、怎样培养人的重大问题。在前面15年的试点、探索、改革和反思中，文化素质教育已从最初触及大学教育理念、人才培养模式的整体改革，开始延伸到大学管理体制、运行机制和组织制度等更深层次的问题。在教育实践中发现：一是管理机构条块交错，文化素质教育散见于各教学和行政部门；二是培养方案与实施方式不严谨，更多从教学单位和师资的角度制定方案，忽略了学生的内心需要和期许；三是培养内容多以知识性为导向，灌输式教学过多，挑战发展型教学较少；四是评价机制不完善，在监督评价环节存在各自为政、各有偏重的特点，影响公平性和有效性。新时期文化素质教育改革进入深水区，为了有效打破困局、迎难而上，文化素质教育初衷要从知识导向转化到能力导向、价值导向上来，在大学管理体制、运行机制和组织制度等方面进一步优化，进而科学规范大学内部治理结构，更好地展现文化素质教育美好蓝图。

二、高职院校文化素质教育再出发

几乎与我国普通本科院校倡导文化素质教育同步诞生的高等职业院校（1994年原国家教委行文，在以四年制国家级重点中等专业学校——成都航空工业学校为首的10所中专学校试办初中起点、大学专科层次的五年一贯制高职教育；1998年，教育部行文批准成都航空工业学校等14所中专学校等升格为高等职业学校，举办以高中起点为主的高等职业教育），经历了20多年的建设、改革和发展，历经高等技术应用性专门人才、高技能人才、高素质技术技能人才培养目标的变化，从单纯关注和聚焦接受高职教育学生技术技能的培养，到意识到基本素质对人的职业发展、全面发展、终身发展的重要性，高职院校的文化素质教育历经了尝试与模仿、关注与反思、重视与推进、改革与探索之后，面临着如何才能真正做到立德树人、培养什么样的人、怎样培养人的哲学思索；也面临如何使接受高职教育的学生既掌握熟练专业技术技能，又能提高政治觉悟、思想道德、科学文化、审美情趣，让学生成为德才兼备的技术技能人才的现实问题。高职院校文化素质教育的再出发可从以下三个方面进一步深化和提高。

（一）与时俱进，进一步丰富和发展文化素质教育的内涵

文化素质教育理念要贯穿于高职教育教学的全过程，而不仅仅是思政教育课程、基础文化课、公共选修课和文化素质教育课程本身。文化素质教育提供的教育内容应该是高职学生都应该接受教育与培养的共同内容，他们既需要比较全面地了解人类知识的总体状况，也要了解经济社会发展创造的物质文明和精神文化。而从目的上看，文化素质教育能夯实学生的专业基础，形成较合理的知识和能力结构，发展其人格素质，拓展其知识视野，使他们能够识时通变、胸怀广博、情趣高雅。当前，小部分高职学生缺乏高远志向、缺少发展后劲，讲求实际、重功利，缺乏知识性、文化性；学习动力不足，创新意识不强，沟通协调能力欠缺，团队合作精神和社会责任感需要进一步增强。因此，高职院校的文化素质教育应该有针对性地拓展为更全面的综合素质教育，包括思想政治与道德品质同频培育的思想道德素质、与科学技术融合的人文素质、彰显工匠精神的专业素质、实践能力和创新意识交汇培养的创造精神，以及身体健康、人格健全的身心素质培养。

（二）顶层设计，加大人才培养模式改革力度和深度

高职院校开展文化素质教育，不能仅表面化地增设一些文化素质课程，开展一些文化教育活动，而是要从本质上对学校教育教学理念和人才培养模式进行变革。如何在专业教育占主导地位的高职院校中强化文化素质教育、加强文化素质课程教学？在学校层面做出规定性制度安排，成立文化素质教育的专门机构，给予相应的师资配备、绩效考核和经费投入，不失为一个可行性方案。成都航空职业技术学院成立的校中校"大学生文化素质学校"便是成功案例。建议有条件的高职院校在校内成立"文化素质学校""文化素质教育发展中心"或建立相对独立的文化素质教育基地，将艺术教育中心、学生事务服务与发展中心、创新创业教育基地（中心）等类似教学机构纳入其中。其主要职能可包括：研究高职学生综合素质特点和

需求，规划、设计和管理文化素质教育必修（选修）课；对通选课进行统一管理，加强通选课精品资源共享课、MOOC或国家在线开放课建设，不断提高通选课的品质；有针对性地设计主题，组织开展系统性讲座，致力于提高学生的人文素养；组织开展系列校园文化科学及体育艺术活动等；组织开展高职学生心理健康咨询、职业规划与就业指导、双创与社会实践、事务服务与发展交流等，为提高学生文化素质开展全程、全方位服务。

（三）打破壁垒，精准实现组织制度变革

要从根源上提高高职院校文化素质教育的地位，需要在学校内涵建设中对人才培养进行更深层次的顶层设计和制度革新。事实上，高职院校的二级学院（系）既是一级行政组织，也是将某一类学科的专业群整合在一起的学术机构，形成集行政组织、学术机构为一体的学科壁垒。与之相适应，相应的课程与教学体系也是以学科为中心、以系列专业为主线进行组织的，由此实现着专业人才培养的专门化、专业化。实施文化素质教育，表面看是改革课程设置，增加以人文课程为主的相关课程，实际上将涉及高职院校的办学理念和指导思想、办学使命与人才培养目标、教育教学制度乃至组织制度的深刻变革。高职院校的组织结构、院系设置是与其教育理念和功能使命息息相关的。要根本上加强和改进高职院校的文化素质教育，必须在现代大学制度的总体建设中增加文化素质教育的制度安排，保障文化素质教育和专业教育并行不悖，都能获得应有的地位和重视。

在历史的新方位上，面对创新型国家建设对人才的迫切需求，经济社会发展的核心竞争力更多地体现在人才的"可持续力"上。高职大学生的全面发展不仅依靠专业技术素质来实现，还需要文化素质教育来为学生"可持续力"的形成保驾护航，需要通过对文化素质教育模式的顶层设计，突破思维瓶颈，全心全意为高职学生提供丰富多元的文化知识，提升其人文素养，帮助他们认识自我、拓宽视野、发展潜能、助力成才。

三、高职院校文化素质教育模式的顶层设计与实施——基于成都航空职业技术学院文化素质教育的实证研究

中国正处于一个深化改革加快开放进程的新阶段。面对建设创新型国

家的总体部署、建设高等教育强国的新要求,面对工业化、市场化、大众化、全球化带来的种种新问题,在中国特色新型工业化、信息化、城镇化、农业现代化的发展道路上,高职院校人才培养面临着新的挑战和要求,如何重新认识高职院校人才培养的新使命、新目标、新思路?《国家中长期教育改革和发展规划纲要(2010—2020年)》指出的"把育人为本作为教育工作的根本要求",为高职教育改革发展指明了前进方向,更提出了本质要求。

(一)重塑高职院校文化素质教育理念:明确方向,知行合一

1. 明确高职院校使命,培养与现代工业文明相适应的合格人才

大学的根本使命在于文化的传承和丰富以及全人的培养和发展。高等职业教育作为国民教育体系中高等教育的一种类型,是高等教育和职业教育的融合。高职教育的使命是培养和谐发展的人。高职教育不能等同于谋职教育、技术教育、岗前教育,更不能单纯强调高职教育的目的就是以数量取胜的企业"订单式教育"。过去人们在理解高职教育的培养目标时有片面化、功利化的倾向,忽视了学生人文素质的培养、综合素质的提高,弱化了人的全面、协调、可持续发展。诚然,高职教育可以帮助受教育者获取生存技能,但绝不能仅仅局限于此,还应对受教育者人文情怀的提升和精神世界的丰富产生积极作用;不能把受教育者当作被开发的对象和增加财富的源泉,而应该是教育的发展中心和最终目标。我国职业教育的先驱黄炎培曾对职业教育的功能这样概括——"让无业者有业,让有业者乐业"。

现代的工业文化与落后的职业教育人才培养质量之间的矛盾是当前职业教育最主要的矛盾。党和政府从建设社会主义和谐社会的高度,针对产业转型升级时期出现的文化冲突问题,提出要构建社会主义核心价值体系的方针政策。在这样的大环境下,要构建和谐的高职育人环境,培养和谐发展的人,探索一条适应中国工业文明的经济发展与社会和谐双重转型教育道路,重构新高职人才培养目标,从劳动密集向技术密集、从产业技术向创新素质、从"基本操作"向"复合实用"的三个转变。高职院校的转型升级应突破在现代人才培养模式下的"人的发展"与我国产业转型升级背景下的"人的价值"、民生工程体系下的"人的地位"相适应的高职教育体

系；要实现适应"复合型"的人才培养目标，需要拓宽育人模式的视野，建立真正意义上符合高职院校人才培养特点的教育模式。

2. 厘清高职院校办学理念，培养科学精神和人文理想兼备的社会人

在这个知识、技术和技能更新速度日新月异的互联网时代，专业技术人才在职业生涯中的岗位变化和职业转变适应能力问题愈发显现。社会更注重人在生存、应变、发展方面的能力，而不仅仅要求人拥有知识和技能。从《教育部关于加强高职高专教育人才培养工作的意见》中也可以看出，虽然高职院校人才培养很大程度上注重专业知识和职业技能，但其并不完全等同于高职教育的全部，培养接受高职教育的学生良好的思想品质、职业道德、身体素质以及审美能力，高职院校责无旁贷。当下许多高职院校在人才培养上远未达到这个要求，主要是因为这些院校过于强调对人才职业技能方面的培养，忽视了文化素质教育对培养学生综合职业能力的重要作用；没有准确定位办学方向，模糊了高职院校的高等教育性质，对高职教育的功能、性质、人才培养的目标和模式等重要问题的认识存在偏差；在培养目标的全面性上降低标准，在教育教学评估中对学生的思想道德和文化素质指标权重过低，空洞的办学理念导致人才培养目标的价值偏离。

在借鉴一些普通高等学校经验做法的基础上，结合高职人才培养的特殊要求，探索在高职院校开展文化素质教育，提升高职学生的人文精神和人文素养，是高职院校内涵发展的重要任务。文化素质教育对于健全和完善高等职业教育体系至关重要，并且有助于更好地培养学生遵纪守法、诚信敬业的责任意识和敬业精神，以及学生的社会适应能力。文化素质教育应针对高职院校学生的特点，有意识地培养学生的社会适应能力，学习、实践、就业、创新、创业的能力，培养他们交流沟通和团队协作的能力，使他们自主树立终身学习理念，提高学习方法能力，努力成为一个科学精神与人文理想兼备的社会人。

3. 遵循高职教育内在要求，提高学生的职业可持续发展能力

由于高职教育在我国兴起时间不长，专业技术特性在一定程度上遮蔽了高职院校文化育人的本质；校园文化的历史积淀不够深厚，不论是在校园的精神文化、制度文化还是行为文化等方面，都难以形成与高等教育相

适应的文化环境；不少学生人文精神缺失、价值判断失衡、人格异化，成为只懂专业技术的"工具人"。爱因斯坦说过："只用专业知识教育人是很不够的。通过专业教育，他可以成为一种有用的机器，但是不能成为一个和谐发展的人。"因此，我们必须遵循高职教育的内在要求，全面加强文化素质教育，回归教育本质，打破工具理性在高职院校的话语垄断权力，提高价值理性的地位。这是高职教育作为高等教育应有的基本内涵。

高职教育在培养高素质技术技能人才方面应该以职业为本位、就业为导向，加强学生的文化素质教育。而为凸显高职教育的"职业性"特色，提高培养人才的职业素养，有利于学生就业创业，具有可持续职业发展能力，以及让学生在通识性、基础性、广博性的基础上提高职业素质。这是高职教育作为职业教育应有的独特内涵。

综上，从规格教育来说，系统、完整的高职教育体系应当既包括专业技术技能的培养，也包括文化素质的教育。廓清文化素质教育的思路，形成文化素质教育培养模式，明确高职院校文化素质教育的理念是育人为先、知行合一。基于这样的认识，在高职教育中浸润文化素质教育，才能培养出更能适应社会发展的高素质技术技能人才，提升高职院校发展竞争力，为办好人民满意的高职教育做出应有的贡献。

（二）重构高职院校文化素质教育模式：全局视角，系统配置

1. 基于能力培养的顶层设计

高职院校文化素质教育是一个系统工程，在一开始就必须从人才培养方案的高度进行总体设计。抓住文化素质教育课程体系、学分认证体系、制度建设体系、目标评估体系的建设，以此为纲、纲举目张。

"顶层设计"是源于自然科学及工程设计领域的一种理念。它针对某一特定的对象，运用系统的理论，自上而下地提出总体战略构思及实施方式，着重强调其分析的准确性、结构的优化、资源的整合、目标的递进、执行有力、控制即时和反馈及时等。文化素质教育顶层设计就是指对文化素质教育的愿景、总体思路和培养目标等进行系统的分析、设计、执行、控制及反馈。在宏观层面，文化素质教育顶层设计主要包括愿景、思路与目标。

在中观层面，主要包涵分析、设计、执行、控制及反馈等方面。

文化素质教育的愿景是通过人文精神的感染，升华人格，提高境界，振奋精神；从培养人的高度入手，将其纳入教育教学工作的整体规划。文化素质教育的总体思路是以能力培养为源头，教育功能为依托，教育形式为保障，推进其常态化。文化素质教育的目标在于树立高职学生的职业自信、理想自信和人生自信，应该包括长期、中期、近期三个目标阶段。文化素质教育在实施过程中，还必须有执行、控制及反馈等重要环节。

2. 基于系统化的模块架构

基于对高职院校文化素质教育的顶层思考，其教育体系应该具有明晰的模块架构，主要应包括"语言与文学""历史与文化""哲学与人生""艺术与审美""社会与职场"五个门类，其功能依次为：明智气华，善美容秀；修身保真，汇通今古；启迪智慧，明晰航向；触及源泉，归之自然；不在能知，乃在能行。通过五个模块内容及功能来培养学生17项具体能力（语言表达能力、演讲与口语交际能力、文学鉴赏能力；博闻强识能力、观察分析能力、文化理解力、信仰能力、学习能力、逻辑思维能力；审美能力、艺术创造与想象能力、艺术感知与欣赏能力；社交能力、创新创造力、团队合作能力、身心素质发展能力等）。各项能力的培养又依托课程、讲座、社团、竞赛、培训、社会实践、文艺活动、科技创新、人文展览等来实现。

3. 基于可操作性的体系构建

（1）课程体系。

课程体系主要包括课程、授课模式、教学内容、教学组织、考核管理等。在打造具有高职院校特色的文化素质课程模式时，要首先明确培养理工科学生"人文情怀+创新精神+社会能力"，经管、文、法学生"人文情怀+科学素质+实践能力"均衡发展的人才培养目标，将课程体系建设作为人才培养的重要任务。高职院校文化素质教育应将文化素质教育课程体系导入专业教学计划，使之成为专业人才教育课程体系的有机组成部分，通过整合集成实现文理渗透。

高职院校在构建文化素质教育课程体系时，基于顶层设计考虑，可将不同门类的课程归纳分类为"语言与文学课程""历史与文化课程""哲学与人生课程""艺术与审美课程""社会与职场课程"五个门类("自然与科学课程"在专业必修课或专业选修课中学习)。这五类课程的开发,基本构架了文化素质教育课程横向到边、纵向到底的网络体系,从实践的层面解决了文化素质教育的抽象操作问题。

(2)学分认证体系。

对于高职院校来说,文化素质教育开展是否全面有序与学分认证是否合理有章可循有直接关系。文化素质教育学分应为必修学分,是文化素质教育体系的重要组成部分。学生在校期间,应同时完成本专业人才培养方案规定的课程学分和文化素质教育学分。文化素质教育学分主要涉及课程、讲座、社团、校园文化、科创活动等五个方面,累计修满规定文化素质教育学分,方可毕业。与此同时,应在推优评奖工作中将文化素质学分获得情况作为重要参考依据。学生毕业时,其学业成绩单和文化素质教育学分成绩单同时装入档案。

高职院校对于学分认证应有专(兼)职的岗位设置,负责全校学生文化素质教育学分的具体规划、指导、审核、监督等工作,有明确的文化素质教育学分认证操作流程:每学期末确定下一学期开设课程,由各院(系、部)提交下一学期项目方案→相关部门进行汇总、审批、公布→学校开设课程和组织活动,学生选择参与→相关部门对学生获取文化素质教育学分进行记录、核查→汇总文化素质学分记录→相关负责人对各院系上报的学分记录进行审核、公示、确认。

(3)制度建设体系。

对于文化素质教育体系的构建来说,如果没有一整套完整的文化素质教育运行制度规范,整个文化素质教育实施就难以开展。首先,应制定如《大学生文化素质教育制度建设实施方案》,从行政管理制度、财务管理制度、教职工年度考核制度、课程管理制度、学生管理制度等方面明确制度建设范畴,实现文化素质教育的制度化、规范化。其中,就建立文化素质学校(基地)的总体目标进行明确:完善文化素质教育课程体系、校园文化活动考核体系,加强文化素质教育实践基地建设、文化素质教育师资队伍和理论成果建设、和谐校园人文环境建设,形成理论与实践相结合、科学教育与人文教育相结合的育人环境。

（4）管理与评估体系。

加强文化素质教育，需要在高职教育专业的人才培养模式上进行大胆改革与实践。对于做得如何，效果怎样，必须有管理机构和一套行之有效的检测考评办法来衡量。要建立行之有效的管理与评估体系，对文化素质教育工作进行指导和管理，应该将文化素质教育纳入学校管理，成立文化素质教育委员会（或办公室），设置考核办法，并纳入日常教育教学。值得一提的是，在评定过程中，要对核心评测指标进行收集和提炼，例如组织领导、师资队伍建设、文化环境、服务与保障、多学科渗透、教学效果、特色创新，等等。简单地说，目标评估体系要求领导高度重视，组织机构健全，工作规划翔实，执行措施到位，加强师资队伍建设，建立文化素质学校教师人才库，每年拿出专项资金用于课程建设、文化素质活动支持、校内外社会实践基地建设等，加强文化设施建设，加强文化素质教育教材建设、网站建设，促进学术交流与研究等；同时，对教育活动要进行过程控制和效果评估。

（三）重筑高职院校文化素质教育阵地：多管齐下，渗透融合

学生的成才是多重因素综合作用的结果。培养高素质技术技能人才的一个重要途径便是提高学生的文化素质，文化素质是当代高职学生整体素质表现的重要组成部分。基于此，高职院校应全面论证并制定实施一套系统的文化素质教育实施方案，从而有组织、有计划、有目的地搭建文化素质教育多种支撑平台，并不断拓展文化素质教育辐射面，加大文化素质教育影响力，提升高职学生的审美情趣、文化品位和职业素养。

1. 育人为本，促进成才，创新文化素质课程形式

文化素质课程应覆盖全体学生，鼓励优秀教师根据学生的兴趣和需要开设课程，引导学生积极参与课程学习，课程内容应有利于促进学生全面发展。为了保证课程的教学质量，应加强对课程的监控和管理，采用"学分制"考量，学生应修满规定的文化素质教育学分方可毕业。同时，要确

保整个文化素质教育课程体系课程门类模块化、选课指导化、教程规范化、任课资格化。基于顶层设计考虑，将不同门类的课程归纳分为"语言与文学课程""历史与文化课程""哲学与人生课程""艺术与审美课程""社会与职场课程"五个门类。每个类别包含若干门课程，并对学生选课、课程设置、教师任课资格等做明确规定。需要特别指出的是，与专业课程相比，文化素质教育课程应给学生提供更为广泛的文化视野，而降低在某一具体理论内容上的深度。换句话说，就是求广不求深。一个重要理由是，高职院校要为学生面对现实生活做准备，而不仅仅是传授高深知识。

在课程设计与教学形式上的安排主要有以下几点。一是教务部门通过对各个专业的结构与特点的分析，设置与之相适应的课程，规范专业选修课程教学大纲和授课计划，保证课程设置科学有效。同时，由文化素质教育学校办公室会同教务处选拔一批业务水平高、教育理念新、教学方法活的教师组成教学团队，开设五个门类的文化素质教育课程；由教务处、文化素质学校办公室进行课程教学质量监控和定期检查。二是创新课程教学形式。文化素质教育课程的授课形式不再是传统的守正，而是多管齐下，丰富教学形式，包括以教师讲授为主的互动课程、以学生自主学习为主的阅读课程、以"翻转课堂"教学为主的体验课程等。三是规范课程建设，推进优质资源课程开发。课程建设须严格按照提出申请、专家答辩、审批后立项、资金资助、专家论证验收等流程执行，提升课程建设的科学性和针对性。

2. 拓宽视野，开坛布论，拓宽素质教育创新平台

作为文化素质教育课程的有效补充，打造系统化的主题讲座是促进高职学生"精神成人"的有效途径。我校创新开设的"成航大讲堂"及其系列讲座，被学生生动形象地誉为"领航"工程。每周一讲的"成航大讲堂"，由文化素质学校负责安排，邀请校内外教授、学者、企业专家、业内翘楚和各领域精英讲学，使学生有机会与专家"零距离"接触，实现典范教育。讲座相对传统授课层面广泛、内容丰富、形式灵活，更能引起学生们的兴趣，起到潜移默化的熏陶作用。

此外，作为"成航大讲堂"的有益补充，学校通过图书馆为学生开辟出独具特色的素质教育创新延伸平台——"真人图书馆""文化教育专题导读"等项目，旨在"聚焦时事热点，品读文化经典，激荡创意思维，打造文化底蕴"。作为文化素质教育的灵活补充形式，这些项目弘扬传统文化，关注社会热点，开展以优秀教师和辅导员指引导读为主要形式的专题讨论会、读书会、主题团日活动等，并以文化素质教育学分认定为保障，以班级为单位组织开展，注重学习的整体性、自主性和互动性，有效推进了文化素质教育工作的深入开展。

3. 创设和谐育人环境，丰富校园文化活动

有序开展各类文、体、科、创活动，倡导主流文化，全面贯彻大学生素质拓展计划，提高广大青年学生的综合素质。我校以一年一度的校园科技文化艺术节为契机，精心打造"校园之星歌手大赛""新人新作舞蹈大赛""社团科技文化周""高雅音乐进校园"等文艺活动，举办各类体育比赛、知识类竞技比赛、专业技能大赛等，以此丰富大学生课余文化生活。学生社团是校园文化建设和学生文化素质教育的又一重要载体，应加大优秀社团建设力度，关注并支持优秀学生社团的发展，发挥其对学生文化素质教育的功能和作用。与此同时，进一步加强德育基地、爱国主义教育基地等校外大学生文化素质教育基地的建设，充分利用区域内文化资源，对学生进行文化素质教育。我们还与社会上有关企事业单位签订协议，加强学校与校外组织的联系，进一步扩大了校园文化建设的外延。

4. 营造具有浓郁学校特色的校园文化氛围

华中科技大学涂又光老先生曾提出著名的"泡菜理论"，即泡菜坛里泡出来的白菜、萝卜的味道，取决于泡菜水。一所学校同样如此：学校培养出什么样的人，取决于学校的文化氛围。学校要紧紧围绕自身办学特色和优势，努力营造具有浓郁专业特色的校园文化氛围。例如，"航空报国，追求卓越"是成都航空职业技术学院办学传统的重要内涵，航空文化也一直是学校校园文化建设的重要着力点之一。学校始终将培养学生的社会责任感与献身航空事业的务实开拓精神作为校园文化建设的中心工作，采取了

一系列的具体措施，营造了具有浓郁航空特色内涵的校园文化氛围。学校牵头发起组建了"西南航空产教联盟"，旨在建立教育与行业对接协作机制，有效服务航空产业发展。学校每年邀请众多航空类企业的负责人来校举行航空行业企业发展报告会、航空产业发展研讨会、就业宣讲会等，把优秀的航空企业文化融入到校园文化中来；每年举行多场航空系统用人单位的专场招聘会，通过企业资料宣传、用人单位介绍，使学生有机会与航空企业面对面交流，直接感受到航空事业的崇高与大有可为。同时，学校全力打造绿色、人文、信息的校园文化环境，增设校园文化景点、人文景观、文化设施和服务场馆，提升校园育人环境的功能和内涵。

5. 加强工业文明养成教育，培育学生的职业能力和社会适应能力

"校企融合、学工一体"是高职院校与工业文化对接的核心内容。加强工业文明养成教育，旨在进一步提升学生的工业文化素养，以培养学生的职业情感和正确价值观。以工业文化作为校企合作的共同文化基础，双向互动，在实习、实训、顶岗、社会调查、勤工俭学等多方面具有特殊意义。在这些实践活动中让学生体验工业文化精神的制度文化、行为文化、物质文化，非常有助于学生进行职业生涯规划和"三观"教育。

与此同时，通过建立稳定的校外社会实践基地，实现大学生社会实践活动的常态化，更深层次地丰富了学生社会实践的内容，提高了学生参与社会实践的时效性。例如，我们举办的航空夏令营、利用假期组织的"三下乡"社会实践、创新创业调研活动等，大力弘扬青年志愿者服务精神；走入社区、走入企业、走向社会活动的开展，以及组织学生到街道社区挂职锻炼，探索了社区学校共建的学生党建工作模式，助推了社区大学生实践基地建设；组织开展的磨难拓展教育活动，磨炼意志，增强体质，锤炼了学生吃苦耐劳的意志品质和艰苦奋斗精神。

中国正处于一个深化改革、加快开放的新阶段。在这样一个历史的新方位上，面对创新型国家建设对人才的迫切需求，经济社会发展的核心竞争力更多地体现在人才的"可持续力"上。对于高职院校而言，使接受高职教育的学生掌握一技之长是高职院校的"本分"；但是，学生的全面发展仅依靠专业技术素质来实现则是远远不够的，还需要文化素质教育来为学

生"可持续力"的形成保驾护航,需要通过对文化素质教育模式的顶层设计与实施,突破单一、刻板的唯"专业"培养模式,全心全意为高职学生提供丰富多元的文化知识,提升其人文素养,帮助他们认识自我、拓宽视野,发展潜能、助力成才。

参考文献

[1] 教育部. 中国教育概况——2017 年全国教育事业发展情况[EB/OL]. http://www.moe.gov.cn/.

[2] 邹勇, 陈玉华, 马建勇. 高职院校学生思想政治工作模式的探究与实践[J]. 成都航空职业技术学院学报, 2018（1）.

[3] 共青团中央. 分类引导青年工作：大学生思想引导大纲（试用版），2010 年 12 月.

[4] 中共中央、国务院. 关于加强和改进新形势下高校思想政治工作的意见, 2017 年 2 月 27 日.

[5] 张坤. 高职高专院校学生文化素质培养模式的研究[D]. 天津：天津商业大学, 2012.

[6] 高宝立. 高等职业院校的人文教育：理想与现实[J]. 教育研究, 2007（11）.

[7] 俞步松. 关于高职文化素质教育的理性思考及其实践[J]. 职教论坛, 2011（17）.

[8] 教育部高等教育司. 关于加强大学生文化素质教育的若干意见, 1998 年 4 月 10 日.

[9] 钟伟. 高职教育应走出"制器"时代 文化引领技能人才[N]. 中国教育报, 2012-12-12.

[10] 司春燕. 高职院校文化素质教育的探索与实践[J]. 机械职业教育, 2010（7）.

[11] 董宇艳, 陈杨, 荣文婷. 文化素质教育讲座课程的顶层设计与实施[J]. 中国大学教育, 2013（10）.

[12] 刘献君. 文化素质教育论[M]. 北京：高等教育出版社，2009.

[13] 杨建国，陈玉华，杨湘伶. 高职院校文化素质教育模式的顶层设计与实施[J]. 职业，2015（29）.

[14] 陈玉华. 我在这里启航[M]. 成都：电子科技大学出版社，2018.